学前教育 新形态教材

幼儿园课程概论

主　编　陈文凯　黄　胜　陈世军
副主编　罗菊珍　马开忠　郑光英
编　委　马开忠　岑佳勇　郑光英　罗菊珍
杨　霞　陈文凯　陈世军　黄　胜

西南大学出版社
国家一级出版社　全国百佳图书出版单位

图书在版编目(CIP)数据

幼儿园课程概论 / 陈文凯，黄胜，陈世军主编．—
重庆：西南大学出版社，2024.5
ISBN 978-7-5697-2357-1

Ⅰ.①幼… Ⅱ.①陈… ②黄… ③陈… Ⅲ.①幼儿园
—课程—高等职业教育—教材 Ⅳ.①G612

中国国家版本馆CIP数据核字(2024)第095962号

幼儿园课程概论

YOU'ERYUAN KECHENG GAILUN

主　编　陈文凯　黄　胜　陈世军

总 策 划：杨　毅　曾　文
执行策划：熊家艳　尹清强
责任编辑：翟腾飞
责任校对：周明琼
装帧设计：魏显锋
排　　版：张　祥
出版发行：西南大学出版社（原西南师范大学出版社）
　　地　址：重庆市北碚区天生路2号
　　邮　编：400715
　　电　话：023-68868624
印　　刷：重庆紫石东南印务有限公司
成品尺寸：185 mm×260 mm
印　　张：14.75
字　　数：272千字
版　　次：2024年5月 第1版
印　　次：2024年5月 第1次印刷
书　　号：ISBN 978-7-5697-2357-1
定　　价：58.00元

序

学前教育是终身教育的开端，关系亿万儿童的健康成长、千家万户的切身利益、国家和民族的未来。百年大计，教育为本；教育大计，教师为本。促进学前教育健康发展，关键在于建设一支高素质的幼儿园教师队伍。2018年中共中央、国务院出台的《关于全面深化新时代教师队伍建设改革的意见》指出："教师承担着传播知识、传播思想、传播真理的历史使命，肩负着塑造灵魂、塑造生命、塑造人的时代重任，是教育发展的第一资源，是国家富强、民族振兴、人民幸福的重要基石。"

培养高素质的幼儿园教师，加强课程和教师队伍建设是基础。2019年国务院印发的《国家职业教育改革实施方案》提出了完善国家职业教育制度体系、构建职业教育国家标准、建设多元办学格局等一系列的任务。其中，教材是育人之纲，是改革的基础，是教师实施教学改革的重要载体和有效途径。教育部等九部门印发的《职业教育提质培优行动计划（2020—2023年）》强调，实施职业教育"三教"改革攻坚任务，要完善职业教育教材规划、编写、审核、选用使用、评价监督机制。2021年教育部办公厅印发的《"十四五"职业教育规划教材建设实施方案》强调教材建设的权威性、前沿性、原创性，要打造培根铸魂、启智增慧、适应时代要求的精品教材。当前，学前教师教育教材虽然品种丰富，但是随着国家政策的调整、职业教育理念的变化及学科的飞速发展，在一定程度上存在理念落后、体系陈旧等问题。例如，以学科为中心的理论教材过剩，传统纸质教材过剩，多媒体融合的新形态教材缺少，等等。在此背景下，我们设立课题组，组织学前师范院校的知名专家学者、中高职院校一线教师、幼儿园园长及一线教师编写了这套学前教育专业"中高协同"融通教材。从总体上来看，这套教材有如下特点：

一是坚持立德树人，强化课程思政。

本系列教材的编写坚持立德树人根本任务，厚植爱国情怀，以铸就师德师魂，培养适应新时代社会发展需要的卓越幼儿园教师为目标。教材内容的选择充分体现了社会主义核心价值观，突出了学前教育在国民教育中的基础性作用。

二是全面研究设计，系统规划建设。

从研制人才培养方案着手，研究确定了人才培养要求、专业课程设置和课程标准，以及配套的课程教学资源与课程试题库、幼儿园教师资格考试试题库。

三是做实产教融合载体。

党的二十大报告指出："教育、科技、人才是全面建设社会主义现代化国家的基础性、战略性支撑。"教材内容融合了《幼儿园教育指导纲要（试行）》、幼儿园教育活动基本理论以及幼儿教师教育教学活动的实践经验，切实增强教育教学的适应性，落实产教融合。

四是实用性好、可操作性强。

本系列教材以幼儿园教育活动基本理论为基础，面向幼儿园教育活动实践，提供了大量教育活动设计的案例及评析，强调实用性及可操作性。

五是混合式教学。

本系列教材除课堂教学设计丰富以外，还加入了微课视频资源，以二维码的形式呈现在相应的知识点旁，增强了教材的趣味性，有助于学生直观、深刻地理解学习内容，更便于教师开展信息化教学，符合当前教育教学创新改革的要求。

本套教材的编写汇集了全国范围内学前教育领域的多位专家、学者、一线名师等，编写者们不辞辛苦，反复研讨，精心打磨。尽管如此，本书仍然存在一些不足，学术上的追求永无止境，我们将不懈努力，不断修正、充实与完善相关内容。我们衷心希望这一课程思政背景下的中高协同系列教材的问世，能够为当前转型期幼儿保育专业及学前教育专业的相关院校课程改革与教学工作助力，为我国幼儿保育、学前教育人才队伍建设做出应有的贡献。

前言

“幼儿园课程概论”是学前教育专业必修的一门核心基础课。本书的编写以《幼儿园教育指导纲要(试行)》《3~6岁儿童学习与发展指南》《幼儿园专业教师标准(试行)》《国家职业教育改革实施方案》等文件为引领，结合《中小学和幼儿园教师资格考试标准(试行)》《幼儿园工作规程》等相关文件要求，根据学前教育产业链和职业岗位典型工作任务，立足于幼儿园的教师岗位要求和职业院校教育的特点，注重理论与实践、知识与技能、活动与评价、岗课赛证等有机整合，体现了理论与实践相结合的课程特点。

在内容体系安排上，本书主要内容如下:项目一和项目二是让学生了解幼儿园课程的概念、特点、基本模式、目标、内容、实施和评价。项目三和项目四既有幼儿园课程计划制订的要求和步骤的介绍，又有幼儿园领域、区域及主题活动的设计与实施的介绍。项目五和项目六主要介绍我国经典幼儿园课程和西方经典幼儿教育模式，拓宽学生的视野。项目七阐述了如何进行幼儿园课程游戏化的改革，以及幼儿园课程游戏化改革的挑战和对策。项目八讲述了幼儿园的园本课程界定和园本课程开发的途径，以案例介绍了幼儿园园本课程开发的过程及有关的要求。

“幼儿园课程概论”是研究幼儿园教育理念和实践之间如何转换的一门学科。在教材的编写过程中，编者注重案例材料的运用，增强了教材的可读性和实用性，激发学生的兴趣;在任务的开头设置任务清单，任务中设置“资料链接”“任务评价”等板块，体现了职业教育的“做中学”和“学中做”的特点。同时项目最后设置了“直通赛证”和“实践实训”等板块，既有幼儿园教师资格证笔试与面试的相关内容，又有与学前教育专业职业技能大赛相关的内容。

教材的编写体现了当前教材新形态、结构化的特点，注重理论结合实际，有利于学生解决实际问题并树立热爱幼教事业的思想，并在日后从事幼儿园工作过程中能运用所学知识进行课程设计与实施。

在教材编写过程中，陈文凯负责项目一、项目三、项目五、项目六主要内容的编写；罗菊珍负责项目二、项目四任务三、项目七主要内容的编写；马开忠负责项目四任务一和任务二主要内容的编写；郑光英负责项目八主要内容的编写；黄胜和陈世军负责教材稿件统筹、组稿和编写指导。编写团队各个成员尽己所能，通力合作，为本书的编写付出了巨大努力，但能力和水平有限，敬请读者批评指正。

目录

CONTENTS

项目一 幼儿园课程概述 001

任务一 幼儿园课程的概念及其内涵 003

任务二 幼儿园课程的特点 011

任务三 幼儿园课程的基本模式 015

项目二 幼儿园课程基本要素 023

任务一 幼儿园课程的目标 025

任务二 幼儿园课程的内容 038

任务三 幼儿园课程的实施 043

任务四 幼儿园课程的评价 054

项目三 幼儿园课程计划的制订 067

任务一 幼儿园课程计划制订的要求 069

任务二 幼儿园课程计划制订的步骤 075

项目四 幼儿园教育活动课程设计与实施 087

任务一 幼儿园领域活动设计与实施 089

任务二 幼儿园区域活动设计与实施 101

任务三 幼儿园主题活动设计与实施 109

目录
CONTENTS

项目五 我国经典幼儿园课程 131

任务一 陶行知生活教育课程 133

任务二 陈鹤琴五指活动课程 139

任务三 张雪门行为课程 144

项目六 西方经典幼儿教育模式 149

任务一 蒙台梭利教育 151

任务二 瑞吉欧幼儿教育 157

任务三 高宽课程 161

项目七 幼儿园课程游戏化改革 167

任务一 幼儿园课程游戏化概述 169

任务二 幼儿园课程游戏化的基本要求 177

任务三 幼儿园课程游戏化的基本途径 183

任务四 幼儿园课程游戏化改革的挑战与对策 190

项目八 幼儿园园本课程 199

任务一 园本课程概述 201

任务二 园本课程开发 205

任务三 幼儿园园本课程开发的典型案例
——豫南彩绘泥塑“泥叫吹” 212

参考文献 221

项目一

幼儿园课程概述

学习目标

知识目标

(1)了解我国幼儿园课程演变的历程、幼儿园课程的基本模式。

(2)理解幼儿园课程的特点与要求。

(3)掌握幼儿园课程的概念及其内涵。

技能目标

能够运用课程理论对幼儿园课程的知识进行分析与判断。

素质目标

树立新时代科学的幼儿园课程观。

学习重难点

学习重点

(1)幼儿园课程的概念及其内涵。

(2)幼儿园课程的特点与要求。

(3)运用课程理论,对幼儿园课程的相关现象进行判断和分析。

学习难点

(1)幼儿园课程概念的内涵。

(2)幼儿园课程理论的运用。

思维导图

- 幼儿园课程概述
  - 幼儿园课程的概念及其内涵
    - 课程观
    - 我国幼儿园课程的发展历程
    - 幼儿园课程的概念及其内涵
  - 幼儿园课程的特点
    - 游戏性
    - 整体性
    - 潜在性
    - 非义务性
    - 广泛性
    - 基层性与启蒙性
    - 全面性与生活性
    - 活动性与直接经验性
  - 幼儿园课程的基本模式
    - 分科课程
    - 主题课程
    - 领域课程
    - 其他课程

任务一

幼儿园课程的概念及其内涵

任务描述

本次任务主要是通过教师讲解，查找和阅读资料，了解幼儿园课程观和我国幼儿园课程的发展历程，并通过讨论，理解幼儿园课程的概念及其内涵。

任务准备

（1）物质准备：纸张、笔、教案、课件、教材等。

（2）经验准备：学生前期学习过学前教育概论等课程，对幼儿园课程相关理论知识有初步的感知。

工作表单

工作表单

通过查找和搜集资料，并结合学习支持，总结归纳我国幼儿园课程发展的历程。

时间	典型事件

学习支持

一、课程观

(一)课程观的概念

课程观是对课程的各种认识和看法的总称,包括对课程的概念、课程的编制、课程的实施、课程的评价等各个方面的认识。

(二)影响课程观发展的主要因素

课程观的发展一般受政治、经济、文化三大方面因素的影响。

政治因素主要指社会的政权形式及与之相适应的上层建筑。

经济因素主要指以科技发展水平为代表的生产力水平。

文化因素包括两个方面:一是当时存在的哲学思潮,二是心理学的发展水平。

(三)课程观的类型

1.知识观

把课程等同于所教科目,在历史上由来已久,如我国古代的“六艺”,欧洲中世纪的“七艺”。西方最早采用“课程”一词的是斯宾塞。斯宾塞的“课程”表达的是学校教学科目的总和以及不同科目的顺序安排。这一观点演化成:课程是教材,课程即教学内容;课程即知识,课程即教学计划。

2.经验观

美国教育家杜威根据实用主义经验论认为,课程即学生的学习经验。学生的学习取决于他自己做了什么,而不是教师做了什么。唯有学习经验才是学生实际意识到的课程。目前,西方一些人本主义课程论者都趋向于这种观点,他们开始把课程的重点从教材转向学生。

3.教学活动观

这种观点把课程看成书面的计划、文件等,是各级各类学校学生所应学习的学科总和及其计划进程和安排;把教学的范围、序列和进程、教学方法和教学设计等组合在一起,以期对课程有一个全面的看法。

4.学习结果观

这种观点认为，课程不应指向活动，而应关注预期的学习结果或目标，要求课程事先制订一套有结构、有序列的学习目标，所有教学活动都是为达到这些目标服务的。

5.社会改造观

这种观点认为，课程的重点应放在社会问题、社会弊端等方面，要让学生通过社会参与形成从事社会活动的能力，使学生具有批判的意识，帮助学生摆脱对外界的盲目依从。一些教育家认为，课程不是要使学生适应或顺从于社会文化，而是要帮助学生摆脱社会制度的束缚。

6.社会文化的再生产观

这种观点认为，课程应该反映各种社会需要，反映社会文化的时代特征，以便使学生能适应社会。鲍尔斯和金蒂斯被认为是这一主张的代表人物，其认为任何社会文化中的课程，事实上都是该种社会文化的反映，学校教育的职责就是要再生产对下一代有用的知识和价值。政府有关部门根据国家需要来规定所教的知识、技能等，专业教育者的任务是要考虑如何把它们转换成可以传递给学生的课程。

二、我国幼儿园课程的发展历程

（一）我国幼儿园课程的开端

清末，康有为在《大同书》中提出了理想教育制度，认为3~6岁儿童应进入“慈幼院”。梁启超提出仿效日本学制设立幼稚园。1902年“壬寅学制”颁布，1903年“癸卯学制”颁布并实施，中国的幼稚园便产生了。后来的《奏定蒙养院章程及家庭教育法章程》的幼儿园课程主要仿效日本的幼稚园的课程，在当时对中国的幼儿园课程发展具有一定积极作用。

（二）我国幼儿园课程的找寻

1908年，《教育杂志》介绍了福禄贝尔的幼教思想；1913年，《教育杂志》刊载了蒙台梭利的幼儿教育法的文章。1919年，美国实用主义教育家杜威等人先后来华讲学，系统地传授了杜威的教育学说。自此，我国开始引进杜威的儿童中心主义和克伯屈的“设计教学法”等。杜威的教育学说“教育即生长”“学校即社会”“教育即生活”“儿童中心论”“做中学”等在中国的影响最广泛、最深入。随着西方幼教思想传入我国，社会对西方的幼儿教育思想的了解日益增强。

（三）我国幼儿园课程的产生

1919年，我国爆发了五四运动。这个时期是一个思想大解放的时期，它为马克思主义在中国的传播创造了条件，也为各种外国哲学、自然科学思潮和流派的传人敞开了门。五四运动以后，我国教育也开始脱离封闭和半封闭的状态，逐渐摆脱传统文化的束缚，走上了现代化的道路。1922年颁布壬戌学制，把实施幼儿教育的机构称为幼稚园。

1925年陈鹤琴、张宗麟在南京鼓楼幼稚园开始了为期三年的课程试验。1926年张雪门拟定了“幼稚园第一季度”课程，1931年开始“行为课程”的研究，1933年编订了《中国北方幼稚园课程大纲》。1932年颁布 、1936年修正的《幼稚园课程标准》，包括总目标、课程范围、教学方法要点三部分。《幼稚园课程标准》的制订与实施，纠正了清末以来的课程混乱的局面，开辟了通过课程改革使幼稚教育中国化、科学化的道路，奠定了当今我国幼儿园课程理论的基础。

（四）我国幼儿园课程的曲折发展

1949年，中央人民政府教育部成立，并首次在初等教育司下设幼儿教育处，负责学前教育的改造和建设工作。1949年底，全国第一次教育工作会议召开，提出把学习苏联教育经验作为建设新教育的方向。凯洛夫、乌申斯基等人的理论成为20世纪50年代我国幼儿园课程改革的指导思想，主要体现在：一是强调教育在儿童发展过程中的作用。二是强调系统知识对儿童智能发展的影响，把“教学”引入学前教育领域。教学成为儿童的教育和全面发展的手段之一，教学在智育中起主导作用。三是主张实施全面发展的幼儿教育。四是在幼儿园组织形式上采用分科教学的模式。五是重视集体教育。

1950年，在苏联学前教育专家戈林娜的指导下，我国教育部拟定了《幼儿园暂行纲要》。1951年，教育部在吸取老解放区的学前教育经验和借鉴苏联教育理论的基础上，制定了《幼儿园暂行教学纲要》，并于1952年颁发至全国试行。苏联的一套学前教育模式从理论上丰富和系统化了我国当时的学前教育理论，帮助我国建立了有目的、有计划的分科教育模式。但这一阶段过分强调教师的作用,忽视幼儿的个体差异性和主动性,有很大的不足。

(五)我国幼儿园课程的科学发展

20世纪70年代末、80年代初,随着幼儿园教育教学工作的逐步恢复,分科教育模式又在新的条件下得到应用。西方先进的儿童心理理论、教育理论、课程理论逐渐进入我国,经过批判与吸收,形成了较为科学的儿童观、主体观和活动观,这构成了20世纪80年代以来我国幼儿园课程改革的总的指导思想。

1996年教育部颁布的《幼儿园工作规程》体现了20世纪80年代以来幼儿园课程改革的成果。我国幼儿园课程日益注重游戏性,强调个体差异性、能动性,着眼于幼儿长远的发展,强调适宜环境的创设等,体现了新的儿童观、教育观、课程观。从这个方面来看,我国幼儿教育的发展趋势已融入了世界幼儿教育的发展潮流。

三、幼儿园课程的概念及其内涵①

(一)中国幼儿园课程概念的历史演变

20世纪50年代至80年代初,"课程"一词消失在中国的幼儿园教育领域,主要原因在于这一时期,我国学习苏联的教育经验,国家对课程采取了集中管理的模式,研究人员与教师所要考虑的只是如何将既定的课程计划(教学计划、教学大纲)付诸实施。

改革开放以来,随着计划经济向市场经济转轨,国家对课程管理的模式也发生了转变。研究人员与教师开始拥有不同程度参与课程决策的权利与机会,课程问题又逐渐进入人们的视野,课程的概念在显在层面又开始使用。1982年,唐淑、赵寄石两位学者在《挖掘幼儿智力潜力,促进幼儿智力发展》一文中重提"课程"这一概念。20世纪80年代改革开放初期,"幼儿园课程是幼儿园所设科目"的观念仍占主导地位,但课程的内涵已逐步得到充实,开始用联系的和整体的观点去考查教学。幼儿园课程的内涵已由单科的教材教法向幼儿园教育整体发展,由强调单科的教材结构、教学规律向强调幼儿园教育的整体结构转变。

随着幼儿园课程改革的深入,我国幼儿园教育工作者不断总结幼儿教育的理论

①王春燕,王秀萍,秦元东.幼儿园课程论[M].杭州:浙江工商大学出版社,2018:11-14.

与经验,并在学习国外先进经验的基础上,对我国的幼儿园课程进行了全面、整体的改革。学者对幼儿园课程提出了不同的定义:

卢乐山(1991)提出:幼儿园课程是指幼儿园整体教育或某一科目教学的教学内容、教学过程及时间安排等。

冯晓霞(1997)提出:幼儿园课程是指幼儿在幼儿园教育环境中进行的,旨在促进其身心全面和谐发展的各种活动的总和。

傅淳(1997)提出:幼儿园课程是指幼儿在幼儿园有目的、有计划的安排与教师指导下,为达到幼儿教育目标而进行的各种有程序的学习活动。

虞永平(2001)提出:幼儿园课程是指从幼儿身心发展的特点和特定的社会文化背景出发,有目的地选择、组织和提供的综合性的、有益的经验。

资料链接

"课程"在我国始见于唐代。唐代孔颖达为《诗经·小雅·巧言》中"奕奕寝庙,君子作之"句作疏:"维护课程,必君子监之,乃得依法制也。"但"课程"一词的含义与我们现在通常所用的"课程"的意思相去甚远。宋代学者朱熹在《朱子全书·论学》中多次提及课程,如"宽着期限,紧着课程""小立课程,大做工夫"等。这里的课程意思是比较清楚的,即指功课及其进程。

我国著名的幼儿教育专家张雪门在《幼稚园的研究》一书中指出:课程是经验,是人类的经验,用最经济的手段,按有组织的调制,用各种的方法,以引起孩子的反应和活动。他明确指出了幼稚园课程就是"给三足岁到六足岁的孩子所能够做而且欢喜做的经验的预备"。南京师范大学虞永平教授认为,幼儿园课程是一件正在发生着的事;对于幼儿来说,学习就是行动,就是有事可做;就是做有意义的事、做有挑战的事、做需要思维和情感参与其中的事。

(二)幼儿园课程的界定①

1.学科倾向的界定

学科倾向的界定是以学科来组织课程的内容,如音乐、美术、语言、常识、体育、计算等,它在我国20世纪80年代的幼儿教育中被普遍采用。进入20世纪90年代以后,

①王春燕.中国学前课程百年发展与变革的历史研究[M].北京:教育科学出版社,2004.

随着整合教育观的影响，幼儿教育中的学科课程与以前相比发生了变化。课程不再是单一的学科，而是加强了学科间的联系，学科间的界限逐渐模糊，整体性得以增强。同时以学科为基础的相关领域课程也普遍出现，如音乐、美术构成艺术学科，常识与计算，构成科学学科，单一的学科课程已基本消失。

2.活动倾向的界定

活动倾向的界定认为幼儿园课程是为幼儿安排的有组织、有计划的各种活动的总和。课程开始由注重学科转向注重儿童，注重儿童的学习活动，注重儿童在活动中的主动性，强调课程的动态过程。

3.经验倾向的界定

经验倾向的界定强调幼儿园课程是为促进幼儿身心和谐发展所提供的有益经验。这种界定也关心幼儿的活动，但它更关心的是幼儿在活动中所得到的经验，对于幼儿发展来说有益的经验，因此这种界定比幼儿活动倾向的界定又多了一个参照——幼儿通过活动所得到的经验，尤其是直接经验。

(三)幼儿园课程的内涵

幼儿园课程内涵是指幼儿园教育活动的核心内容，它是幼儿园教育的灵魂，不仅包括了幼儿园教学中的启蒙教育、智力开发、道德教育、体育锻炼、艺术欣赏等多个方面的内容，还涉及教育目标、教育方法和教育环境等方面的内容，促进幼儿的全面发展。

(1)注重培养幼儿的兴趣和能力。幼儿园阶段是幼儿个性形成和兴趣爱好培养的关键时期，因此，幼儿园课程应通过丰富多样的教育活动，激发幼儿的学习热情和主动性，培养他们的观察、思考、创造和表达能力。

(2)注重培养幼儿的社交能力和合作精神。幼儿园教育的目标之一是培养幼儿良好的人际交往能力和合作意识，因此，幼儿园课程应通过小组活动、合作游戏等形式，让幼儿学会与他人相处、分享和合作，培养他们的团队意识和集体荣誉感。

(3)注重培养幼儿的创造力和想象力。幼儿是天生的艺术家和创造者，他们具有丰富的想象力和创造力。因此，幼儿园课程内涵应通过美术、音乐、手工等活动，激发幼儿的艺术天赋和创造潜能，培养他们的创新思维和创造能力。

幼儿园课程是针对3~6岁儿童的教育活动，其内涵具体包括以下几个方面：

(1)语言方面。幼儿园课程的目标是通过各种活动，如听故事、唱歌、表演等，让儿童掌握基本的语言表达和沟通技能，包括听、说、读、写等方面。

(2)认知方面。幼儿园课程的目标是通过各种游戏和实践活动，如拼图、认字、数数等，激发儿童的学习兴趣和好奇心，让儿童学会探索、思考和解决问题，并逐渐认识周围的世界。

(3)社交方面。幼儿园课程的目标是通过各种互动活动，如协作制作、角色扮演等，让儿童学会与他人相处、合作和分享，培养儿童的社交能力和团队合作精神。

(4)情感方面。幼儿园课程的目标是通过各种情感教育活动，如体验式活动、情感故事等，让儿童了解自己的情感需求，学会表达和处理情感，培养自我认知和自我管理能力。

(5)身体方面。幼儿园课程的目标是通过各种体育锻炼、户外活动等，促进儿童身体协调能力和运动技能的发展，以培养身心健康的儿童。

(6)艺术方面。幼儿园课程的目标是通过各种艺术活动，如绘画、音乐、手工等，让儿童体验各种艺术形式，激发儿童的艺术天赋和想象力。

幼儿园课程发展历程

任务二

幼儿园课程的特点

任务描述

理解幼儿园课程的特点和要求，为开展幼儿园活动课程设计打下基础。

任务准备

（1）物质准备：教案、课件、教材等。

（2）经验准备：学生到幼儿园见习并了解幼儿园课程情况。

工作表单

工作表单

通过学习和见习，了解到幼儿园课程的特点，并开展小组讨论，谈谈你怎么理解幼儿园课程的特点。

特点	你的理解

学习支持[1]

（一）游戏性

幼儿园课程的特点之一是游戏性。游戏是幼儿的天性，也是幼儿的一种重要的学习途径。在幼儿园课程中，学习与游戏是相互协调的。游戏具有丰富的教育价值，能让幼儿在其中生动活泼、积极主动地学习与发展。幼儿游戏活动本身就是幼儿园课程结构中的一种重要形式，是实施素质教育的重要渠道。即使在由教师专门设计、组织和指导的学习活动中，游戏性也是非常重要的，即它应该满足儿童的兴趣，使他们能够在没有压力的情况下生动、积极、创造性地学习，获得愉快的情感体验。因此，幼儿园教育以游戏为基本活动，注重游戏性，帮助儿童通过游戏学习、交往和成长。

（二）整体性

在幼儿园课程实施过程中，幼儿是以“完整人”的形象出现的。幼儿身心发展的水平和学习特点也决定了幼儿园课程应该是高度整合的课程，尽可能使不同的课程内容产生联系。《幼儿园教育指导纲要（试行）》也明确指出：“幼儿园的教育内容是全面的、启蒙性的，可以相对划分为健康、语言、社会、科学、艺术等五个领域，也可作其他不同的划分。各领域的内容相互渗透，从不同的角度促进幼儿情感、态度、能力、知识、技能等方面的发展。”幼儿园教育活动的组织要注重综合性、趣味性、生活性；教育活动的组织形式应根据需要合理安排，灵活运用；幼儿园要综合利用各种资源，扩展幼儿生活和学习的空间。

（三）潜在性

由于幼儿知识经验贫乏，自我辨别与自我控制的能力较低，但模仿力强，因此，幼儿园的一砖一瓦、一草一木，教师的一言一行、一举一动，无时无刻不影响着幼儿的发展。因而，幼儿园课程不仅体现在有目的、有计划的教育活动之中，而且体现在环境、生活、游戏及教师不经意的行为之中。即使是前者，目标和意图也仅存在于教师的意识之中，幼儿并不会清楚地意识到，幼儿感受到的更多的还是教师创设的环境、准备的材料、组织的活动。总之，和其他阶段的学校课程相比，潜在性是幼儿园课程的重要特性。

---

①王春燕，王秀萍，秦元东．幼儿园课程论［M］．杭州：浙江工商大学出版社，2018：14-16.

（四）非义务性

幼儿园课程具有非义务性的特点，即不是所有3~6岁幼儿都必须学习和完成的“任务”。这种非义务性使得幼儿园课程具有很大的灵活性，为教师和课程工作者留出了巨大的创造空间。但是这种灵活性不是随心所欲的，而是以国家有关教育政策为指导，以幼儿学习发展的规律为依据的。

（五）广泛性

与普通学校学科教学不同，幼儿园教育活动具有广泛性的特点，涉及幼儿的一日活动，包括教学活动、生活活动、体育活动、游戏活动和其他常规性活动。这些活动在幼儿园教育活动中必不可少，对幼儿的全面发展有很大的促进作用。因此，幼儿园教育活动应该多样化，不仅仅是学科教学，还要涵盖各个方面的活动，以满足幼儿的多元需求。

（六）基础性与启蒙性

幼儿教育是向下扎根的教育，在整个教育体系中处于奠基的地位。幼儿园课程是学前教育的载体，直接影响幼儿在这一阶段所获得的经验及发展，从而为其今后甚至一生的发展奠定基础。

幼儿阶段是人一生中的启蒙阶段，是幼儿懵懵懂懂迈开脚步走向社会的开始。幼儿园课程应该成为幼儿的一个睿智的引导者，帮助幼儿认识周围的世界，使幼儿在原有发展水平基础上，身心得到初步的锻炼。幼儿在享有快乐童年的同时，身心得到与自身发展水平相宜的提高。

（七）全面性与生活性

幼儿园课程是实现幼儿教育目的的手段，是实现幼儿全面发展的中介，因此，幼儿园课程必须以实现幼儿在身体、认知、情感、社会性等方面的和谐发展为目标，要具有全面性。

幼儿处在身心发展的特殊时期，基本的生活卫生习惯、生活自理能力、与人相处的态度以及基本的常识等都需要在这一阶段学习，而这些东西一般不能通过教师的书面教授和口耳相传获得，只能在生活的过程中学习。另外，幼儿的思维具有形象、直观的特点，幼儿最感兴趣的学习内容就是他们可以感知的、形象具体的内容。幼儿在现实生活中可通过与大量的人、事、物的相互作用,如感知、操作、交往、探究等获得知识,习得态度,体验情感,形成个性,因而从生活中学习就成了幼儿学习的必然要求。因此,幼儿园课程实施贯穿于幼儿一日生活的各个环节,必然带有浓厚的生活性特征。

(八)活动性与直接经验性

幼儿的生理、心理发展特点及其学习特点,决定了其学习方式与中小学生不同。对于幼儿而言,只有在活动中的学习才是有意义的学习,只有以直接经验为基础的学习才是理解性的学习。幼儿必须借助于具体的情景、具体的事物,在参与、探索和交往中学习,离开了幼儿与环境相互作用的各种具体活动及情景,幼儿园课程就没有了鲜活的生命力。因此,幼儿园课程实施的关键在于为幼儿创设丰富的活动情景,为幼儿提供各种探究与互动的机会,通过幼儿在一日生活活动中获得直接经验而进行。从这个意义上来讲,幼儿园课程具有活动性与直接经验性。

任务三
幼儿园课程的基本模式

任务描述

了解幼儿园课程的基本模式，能根据所学的知识分析课程案例属于哪一种模式，且具备有什么特点和要求，并开展评析。

任务准备

(1)物质准备：教案、课件、教材等。

(2)经验准备：学生知道幼儿园课程的概念、特点等，熟悉目前幼儿园的课程实施情况。

工作表单

工作表单1

通过教师的讲解和阅读学习支持，请你归纳总结幼儿园课程的基本模式，并谈谈你对每一种课程模式的理解。

模式	你的理解

工作表单2

自主查阅相关案例并认真阅读，完成下面表单。

案例	案例内容
例1 主题活动	
例2 领域活动	
例3 区域活动	

学习支持

中华人民共和国成立以来，我国学前教育得以迅速发展，从课程及课程结构角度来说，我国幼儿园课程的基本模式主要有分科课程、主题课程、领域课程，以及其他课程等。

一、分科课程

分科课程是以科目为单位对课程内容进行编制的课程，如语言、数学、常识、音乐、美术、体育等。

二、主题课程

主题课程是指两种或两种以上学科在某些主题上交叉，相互联系的课程。幼儿园课程一般是以主题作为教育活动组合的载体，每个教育活动都体现各学习领域内容的相互渗透和融合。在幼儿园，主题课程通常是从幼儿能接触到的自然、社会现象中，选取重要的课题作为中心来组织课程内容，并体现健康、语言、科学、社会和艺术五个学习领域内容。

三、领域课程

领域课程是指能够涵盖某一知识领域的课程。这种课程须打破学科的界限，整合来自不同领域的内容。领域课程与生活的联系非常紧密。

四、其他课程

我国幼儿园课程常见的课程模式还有“田野课程”“整合课程”等。

（一）田野课程①

田野课程由南京师范大学虞永平教授提出，强调尊重幼儿的兴趣和需要，教育内容的选择要“贴近幼儿的生活”“选择幼儿感兴趣的事物和问题”，以及注重幼儿主动获取知识的过程体验，关注幼儿在获取知识的过程中认知结构的变化等。田野课程主要实施形式有以下几个方面：

1.系统教学

系统教学是田野课程的集体教学形式，主要是指教师针对课程目标所进行的相对稳定的、集中的教育活动。每个系统教学的内容围绕主题核心经验彼此相互联系。

2.项目活动

项目活动是一种持久且深入的小组学习活动。活动中只预设可能的活动线索，而不计划活动的全过程，幼儿可以自己决定活动的进程与发展方向，教师以同伴与合作者的身份加入其中，以适时的建议的方式进行指导。

3.游戏活动

游戏活动是幼儿情感、态度以及社会性发展的重要的学习形式。师生围绕游戏核心内容，共同确立角色分配、场地空间、材料设施等。教师在过程中通过参观、访问、调查等途径帮助幼儿积累生活经验，通过交流、分享、评价，帮助幼儿寻找游戏新的发展生长点。

①虞水平，等.学前课程的多视角透视［M］.南京：江苏教育出版社，2006.

4.生活活动

生活活动是一种随机的、潜移默化的、在真实的现场中展开的活动。教师通过挖掘幼儿生活中丰富的教育资源，引导幼儿在其中体验、感知到发现和探究的快乐，关注幼儿创造性、自主性品质的培养，关注幼儿良好情感、行为习惯的养成以及交往、合作等社会性能力的增强。

田野课程注重儿童的自主探究性学习，将儿童置于真实的环境之中，围绕一个主题开展主题网络活动，通过系统教学、项目活动、自主游戏等活动形式，让儿童主动探究、观察、访问、调查、交往等，使幼儿在获得知识、技能的同时，其情感、道德、创造能力等也得到充分发展。

资料链接

幼儿园课程的教学活动主要有：

(1)主题活动。根据特定主题进行活动，如水果、动物、交通工具等，以绘画、手工、游戏等形式帮助幼儿了解和认识主题内容。

(2)游戏活动。通过各种游戏，培养幼儿的动手能力、社交能力和逻辑思维能力。

(3)故事活动。通过讲故事、听故事、绘本阅读等形式，培养幼儿的语言表达、理解能力和文学欣赏能力。

(3)美术活动。通过绘画、剪纸、手工制作等形式，培养幼儿的艺术创造力、观察力和动手能力。

(4)自然科学活动。通过观察、实验、探索等形式，帮助幼儿了解和认识自然界的事物和现象。

(5)运动活动。通过室内外活动、游戏等形式，培养幼儿的身体协调能力、运动技能和团队合作精神。

(6)社交活动。通过幼儿之间的互动、角色扮演等形式，培养幼儿的社交能力、交往习惯和情感表达能力。

(二)整合课程

1.整合课程背景

课程整合的思想有着悠久的历史，20世纪90年代以来人们对其更表现出极大的兴趣。国外如美国的“开端计划”、意大利的“瑞吉欧幼儿教育方案”，以及新西兰国家课程(2007版)改革，都选择符合儿童天性的主题来实施活动整合课程，并在预设的计划中，根据儿童发展的需要允许生成课题。我国如南京、上海、台湾也开展了幼儿园活动整合课程的探索，以“活动”“整合”来建构课程。周兢等编写的“幼儿园活动整合课程”系列著作是其中的代表。

2. 整合课程原则

幼儿园整合课程的原则是把学前教育的五大领域纳入课程整合。整合课程要将儿童各方面均衡发展考虑在内，课程必须适应学前儿童不同年龄、不同发展阶段，保证学前儿童获得完整的有意义的学习。

3. 幼儿园活动整合课程

(1)一日活动的整合。在一日生活活动中，将生活、游戏、学习融入课程，整合为一体。生活活动是幼儿园课程设计和实施的现实背景，是幼儿在园活动的重要组成部分。在开展活动整合课程中，教师要充分利用户外活动、晨间活动、用餐、散步、日常劳动等与生活直接关联的活动，有机渗透各领域教育内容。在学习中整合，一方面，教师将指导与幼儿的发现、探究和体验结合起来；另一方面，教师将计划的学习情境与变化的学习情境结合起来。另外，教师须将室内的学习活动同室外的、园外的学习活动结合起来。

(2)有效的家园整合。第一，将家庭与幼儿园资源进行合理整合；第二，建立有效的家园联系方式和宣传栏，保证家园的有效沟通；第三，营造浓厚的家园情怀氛围，为幼儿健康成长创造良好的生活与学习环境。

4. 整合课程设计模式

(1)沉浸式。此种方式的整合作用是发生在学习者内部的。学习者以兴趣或专长为基础，从各个学科领域中筛选出自己需要的资料与内容，并将其融入自己的旧经验与已经具有的知识之中。例如，对废电池的去向有浓厚兴趣的幼儿，会去寻找相关的资料，也有可能去实地观察了解，或者设计实验验证废旧电池对环境的危害性，并向人们宣传环保知识。这一学习过程涉及物理、化学、生态、社会等多个学科的知识，而原属不同学科领域的知识被整合到了一起。

(2)网络式。此种方式的整合作用是学习者与他人(包括相同领域及其他领域的研究者)互动、对话、沟通之后而建构产生的。例如，一群幼儿园大班的幼儿在研究蝴蝶时，他们从图书馆、网络上查阅了大量资料，还参观了自然博物馆，自己动手制作标本，访问了专门研究蝴蝶的生物学家，这一过程就形成了学习的网络。

这些基本形式的课程活动在幼儿园中交织在一起，全面促进幼儿的综合发展。

任务评价

主题	内容	优秀	良好	一般	较差	很差
学习态度	能准时参加本次所有任务的学习，按时提交各项任务表单	5	4	3	2	1
专业知识	了解关于课程的几种主要观点和我国幼儿园课程演变的简要历程；掌握幼儿园课程的概念并理解其内涵；理解幼儿园课程的特点；了解幼儿园课程的基本模式	5	4	3	2	1
研讨精神	积极参与讨论，分享自己的见解	5	4	3	2	1
团队协作	能很好地融入课堂小组讨论，共同推进学习进程	5	4	3	2	1
沟通交流	能够清晰准确地表达自己的观点，与他人交流时态度语气恰当	5	4	3	2	1
人文素养	能够搜集幼儿园课程的相关知识，有意识地树立职业精神	5	4	3	2	1
信息素养	会检索常见的学前教育专业文献数据库，主动阅读幼儿园课程相关文献，在课堂上小组讨论时发表自己的看法	5	4	3	2	1
实践应用	能运用课程理论对现在的幼儿园课程开展评析	5	4	3	2	1
自我小结						

项目小结

通过本项目的学习，了解课程观概念、影响课程观发展的主要因素和课程观类型；知道我国幼儿园课程发展经历了幼儿园课程开端、幼儿园课程的找寻、幼儿园课程的产生、幼儿园课程的曲折发展、幼儿园课程的科学发展等阶段；理解我国幼儿园课程概念的历史演变、幼儿园课程界定和幼儿园课程内涵，以及幼儿园课程的游戏性、整体性、潜在性、非义务性、广泛性、基础性与启蒙性、全面性和生活性、活动性与直接经验性等特点;了解我国幼儿园课程主要有分科课程、主题课程、领域课程、田野课程、综合课程等基本模式,并能开展幼儿园课程案例的评析。

直通赛证

一、真题再现

(1)幼儿园里有的孩子活泼,有的孩子沉默,有的孩子喜欢画画,有的孩子喜欢唱歌。关于导致个体差异的原因不正确的是(　　)。

A.家庭教育和幼儿园教育决定了幼儿发展个体差异

B.遗传素质的差异性对人的发展有一定的影响

C.个体通过能动的活动选择建构自我发展

D.环境的给定性与主体选择性相互作用

(2)幼儿园放学了,小米的父母没有时间去接她,就让读小学六年级的哥哥放学后去接她。小米父母的做法(　　)。

A.正确。哥哥可代替父母接送小米

B.正确。幼儿可以由直系亲属接送

C.不正确。父母应该亲自接送小米

D.不正确。幼儿应该由成年人接送

二、思考与练习

(1)简述我国幼儿园课程发展的历程。

(2)幼儿园课程的内涵是什么?具体内容有哪些?

(3)幼儿园课程的主要特点是什么?

实践实训

结合所学内容和到幼儿园进行实践,设计出1个幼儿园课程案例。

推荐阅读

[1]张慧群.学科核心素养与学科课程群[M].上海:华东师范大学出版社,2019.

[2]李季湄,冯晓霞.《3~6岁儿童学习与发展指南》解读[M].北京:人民教育出版社,2013.

项目二

幼儿园课程基本要素

学习目标

知识目标

（1）理解幼儿园课程目标的内涵、来源、层次、结构以及制订的要求。

（2）熟悉幼儿园课程标准与课程目标表述的基本方法。

（3）了解幼儿园课程内容的主要观点、选择的来源与依据。

（4）理解幼儿园课程实施的原则、途径和组织方式。

（5）知道幼儿园课程评价的基本方法。

技能目标

（1）能撰写幼儿园课程目标，并根据设定的目标选择和设计幼儿园课程内容。

（2）能根据设定的目标和内容组织幼儿园课程的实施。

（3）能根据设定的目标、内容和实施制订课程评价指标。

素质目标

（1）初步树立新时代科学的幼儿园课程观念，在课程开发和实施评价中体现科学的儿童观、教师观、课程观。

（2）关爱幼儿，热爱学前教育事业，增强严格根据国家相关文件来开展课程设计的意识。

学习重难点

学习重点

（1）课程目标的撰写。

(2)课程内容的选择与组织,以及课程内容的实施。

(3)课程评价指标的制订。

学习难点

(1)撰写合格的课程目标。

(2)根据课程目标组织恰当的课程内容。

(3)设计合理的课程实施过程,且能融入幼儿的一日生活。

(4)设计的评价指标能对目标开展评价。

思维导图

- 幼儿园课程基本要素
  - 幼儿园课程的目标
    - 幼儿园课程目标的内涵
    - 幼儿园课程目标的来源
    - 幼儿园课程目标的层次与结构
    - 幼儿园课程目标的表述
    - 幼儿园课程目标的制订步骤
  - 幼儿园课程的内容
    - 幼儿园课程内容的主要观点
    - 幼儿园课程内容的来源与依据
    - 幼儿园课程内容的组织
  - 幼儿园课程的实施
    - 课程实施的层次
    - 课程实施的基本取向
    - 幼儿园课程实施的原则
    - 幼儿园课程实施的途径
  - 幼儿园课程的评价
    - 幼儿园课程评价的重要性
    - 幼儿园课程评价的原则
    - 幼儿园课程评价的对象
    - 幼儿园课程评价的方法
    - 幼儿园课程评价的应用

任务一
幼儿园课程的目标

任务描述

学生能理解幼儿园课程目标的内涵、来源、层次、结构以及制订的要求，熟悉幼儿园课程目标表述的基本方法；能根据《3~6岁儿童学习与发展指南》撰写幼儿园课程目标。

任务准备

(1)物质准备：教案、课件、教材、《3~6岁儿童学习与发展指南》、纸张、笔。

(2)经验准备：学生到幼儿园见习，了解目前幼儿园课程开展的现状。

工作表单

工作表单1

通过教师对幼儿园课程目标内涵的讲解，结合学习支持，谈谈你对幼儿园课程目标的理解。

思考：

工作表单2

通过学习，请你归纳幼儿园课程目标的来源。

来源1	
来源2	
来源3	
来源4	
你认为还有哪些来源……	

工作表单3

通过教师的讲解和阅读学习支持，总结幼儿园课程目标的层次和结构。

幼儿园课程目标的层次	幼儿园课程目标的结构

工作表单4

请根据幼儿园课程目标的结构，从教师或者幼儿的角度分别用行为目标、表现性目标、生成性目标的表述方式尝试写几组幼儿园课程目标。

行为目标	表现性目标	生成性目标

学习支持

一、幼儿园课程目标的内涵

（一）幼儿园课程目标的内涵

幼儿园课程目标的内涵是指幼儿园教育中确定的目标内容和要素。它涉及了幼儿园课程目标的定义、特征和制订要求等方面。在幼儿园教育中，明确的目标对于指导幼儿园各项活动和评价幼儿的发展至关重要。

（二）幼儿园课程目标定义

幼儿园课程目标是幼儿园教育目标的下位概念，具体体现在幼儿园课程开发与课程设计的教育追求中。幼儿园课程目标是指针对幼儿园教育阶段的幼儿，经过教师团队制订的对幼儿发展的预期结果。它是教育目标的具体化和细化，旨在引导幼儿的学习和发展。幼儿园课程目标的确立是为了促进幼儿全面发展、满足幼儿成长需求、指导教师教学等。

我们还需要区分一下幼儿园课程目标和幼儿园教学活动目标以及其他目标。幼儿园教学活动目标是在幼儿园课程目标的指导下，通过具体的教学活动和方法，针对每个学期或学年的教学计划所设定的某堂课或某个具体活动的具体目标。幼儿园教学活动目标通常更具体、明确，以指导教师的具体教学行为和学生的学习表现。幼儿园课程目标是整个幼儿园阶段或某个学年或某个学期或某个主题（单元）教育的目标。相对于更宏观和综合的课程目标，教学目标更具体和明确，用于指导具体的教学实施和评估。

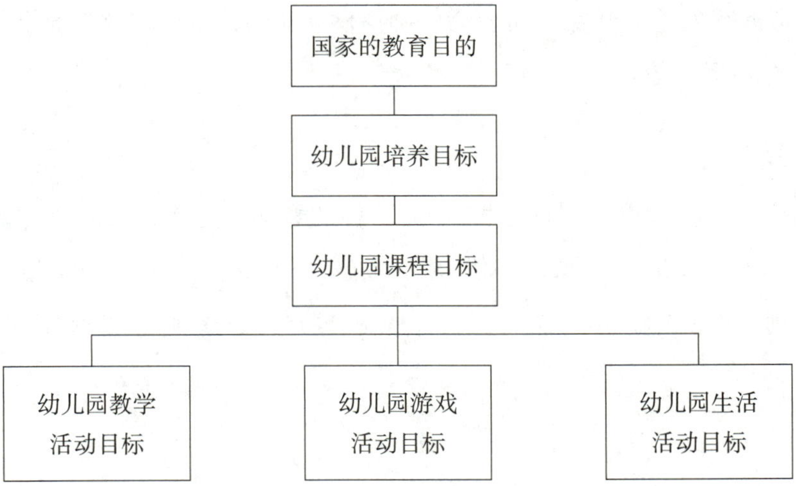

(三)幼儿园课程目标的制订要求

在制订幼儿园课程目标时,应符合相关要求,以确保目标的科学性和有效性。根据《幼儿园工作规程》《3~6岁儿童学习与发展指南》以及“幼儿园课程标准”等,结合科学儿童观,幼儿园课程目标的制订有如下原则:

1.以幼儿为中心

幼儿园课程目标的制订要以幼儿的特点、需求和利益为出发点,关注幼儿身心发展的全面性和个体差异。

2.与幼儿发展水平相适应

幼儿园课程目标应与幼儿的认知、情感、社交和身体发展水平相适应,符合幼儿一定阶段的能力和需求。

3.循序渐进

幼儿园课程目标的制订应符合幼儿发展的规律,按照由易到难、逐步发展的原则,确保目标的连贯性和渐进性。

4.灵活性和个性化

幼儿园课程目标的制订需要灵活应变,应该充分考虑幼儿的个体差异和兴趣,制订个性化的目标和教学计划。

5.可衡量性

幼儿园课程目标应是可衡量的,以便教师能够通过评估和观察来判断幼儿在不同领域的发展情况。评价结果可以为教师提供有关幼儿学习和教学效果的反馈,从而调整和改进教学策略。

6.参与性

幼儿应当参与目标的制订过程,了解目标的意义和重要性,并积极参与学习活动。教师和家长应充分了解幼儿的需求和兴趣,并与幼儿共同制订幼儿园课程目标和教学计划。也就是说,幼儿园课程目标的制订应考虑到教师、家长和幼儿之间的合作和互动。

二、幼儿园课程目标的来源

幼儿园课程目标的来源是幼儿园教育中非常重要的一环。目标的来源是指确定幼儿园课程目标所依据的信息和渠道，以及如何获取这些信息来指导目标的制订。课程目标的基本来源主要有三个方面：学习者的需要、当代社会生活的需求、学科的发展。这三个方面还发展成为课程开发的维度。围绕着三个目标来源和维度，基于不同的教育价值取向，分别形成了"儿童本位课程""社会本位课程""学科本位课程"三种典型的课程观。

幼儿园课程目标综合这三个维度，根据国家相关的要求，结合学前教育实际，当前我国幼儿园课程目标的来源主要包括国家课程标准、教育专家研究成果、教师团队的共识、家庭和社会的需求等。

1.国家课程标准

国家课程标准通常由教育专家、学者和教育管理部门共同制定，具有指导性和权威性。国家课程标准是制订幼儿园课程目标的重要参考依据之一。

2012年，教育部颁布了《3~6岁儿童学习与发展指南》，明确了幼儿园课程标准和教育目标，强调了以儿童为主体、全面发展和终身学习的理念，注重培养儿童的创造力、创新精神和社会责任感。教师可通过学习《幼儿园教育指导纲要（试行）》和《3~6岁儿童学习与发展指南》等文件，研读幼儿园教育的总体目标和方向，结合幼儿身心发展规律和特点来制订幼儿园课程目标。

2.教育专家研究成果

教育专家在幼儿教育领域的研究成果也是制订幼儿园课程目标的重要依据。教育专家通过对幼儿发展、学习和教育的研究，积累了丰富的理论知识和实践经验，其研究成果可以为幼儿园课程目标的制订提供科学的依据和指导。教师可以借鉴教育专家的研究成果，了解幼儿的发展规律和学习需求，从而制订符合幼儿实际的课程目标。

3.教师团队的共识

幼儿园的教师团队是幼儿园课程目标的制订者和实施者。教师团队具有专业知识和实践经验，并对幼儿的实际情况和需求有着深入的了解，可以通过讨论和研究形成共识，结合幼儿园教育的实际情况，制订具体、实用的课程目标。

4.家庭和社会的需求

幼儿园课程目标的确立还需要考虑家庭和社会的需求。家庭和社会是幼儿成长的重要环境,对幼儿园教育目标的制订有着重要影响。家长对幼儿的期望、社会对幼儿的需求和社会价值观念等都是幼儿园课程目标的重要依据。教师团队可以与家长沟通、与社会合作,从而制订符合家庭、社会需求的课程目标。

三、幼儿园课程目标的层次与结构

幼儿园课程目标的层次与结构是指幼儿园课程目标按照一定的分类和组织方式进行层次化和结构化的表达。目标的层次与结构的确定对于幼儿园教育的目标导向、教学设计和评价方面具有重要的指导意义。

(一)幼儿园课程目标的层次分类

幼儿园课程目标的层次分类是指将幼儿园教育目标按照不同的层次进行分类和划分,帮助教师更好地理解和实施幼儿园教育目标,并提供指导教学实践的框架。常见的层次分类包括高层次目标、中层次目标、低层次目标。

1.幼儿园培养目标

幼儿园培养目标是幼儿园教育的最高层次目标,也是整个幼儿园阶段教育的终极目标,通常体现了幼儿园教育的任务和使命。幼儿园培养目标强调培养幼儿的个人品格和社会价值观,包括培养幼儿的创造力、独立性、合作精神、社会责任感等。

2.年龄阶段目标

年龄阶段目标是在幼儿园培养目标的指导下,对幼儿园教育的各个年龄阶段进行具体划分和规划的目标。年龄阶段目标可以分为小班、中班、大班目标,包括在这些年龄阶段的学科知识、认知能力、情感发展、社交技能、身体发展、艺术兴趣等方面的目标,旨在促进幼儿在不同领域的发展和全面素质的培养。

3.学期目标

学期目标是对年龄阶段目标进行进一步细化和具体化的目标。学期目标通常是根据每个学期的教学计划制订的,以指导具体的教学活动。学期目标更加具体明确,直接指导教师的具体教学行为和幼儿的学习表现。

在实际教学中,教师可以根据幼儿的发展水平和需要,结合具体的教学内容和方法,逐步引导幼儿达到不同层次的目标。

在学期目标下,还有具体的目标,比如月目标或者周目标。教师以什么方式来开展月或者周活动,就会制订相应的月目标或者周目标。月目标或者周目标通常以区域活动目标、领域目标和主题目标等形式呈现。

1.区域活动目标

区域活动指的是幼儿教师通过环境创设将整体活动区分成各个小的活动区域,在各个区域投放相应材料,指导幼儿在各个区域开展活动或者游戏的一种幼儿园教育活动。教师如果这个月或者这周用区域活动方式来开展教学,那么就需要制订区域活动目标。

2.领域目标

领域目标是针对“五大领域”而设定的目标,旨在引导幼儿在学科知识和技能方面的学习和发展。领域目标包括健康、科学、社会、语言、艺术领域的目标。教师如果这个月或者这周用领域活动方式来开展教学,那么就需要制订领域目标。

3.主题目标

主题目标是针对特定主题或项目而设定的目标,旨在引导幼儿在特定主题或项目中的学习和发展。主题目标通常与幼儿的兴趣和实际生活经验相关,如动物、植物、节日等主题。教师如果这个月或者这周用主题活动方式来开展教学,那么就需要制订主题目标。

在现实幼儿园中,通常是一月一主题,主题活动、区域活动和领域活动通常是联合开展的。所以,通常会在某个月或者周的某个主题下,综合区域活动和领域活动来开展教育活动,这就需要整合制订主题活动、区域活动和领域活动融合在一起的课程目标。

通过层次分类,幼儿园可以清晰地表达不同层次的发展目标,使教师和家长更好地理解和实施教学与评价。

(二)幼儿园课程目标的结构

幼儿园的课程目标结构关乎目标的构建方式与组成元素,旨在阐明幼儿教育所追求的目标与预期成果。课程目标的构架主要参考布鲁姆等学者的目标分类理念。布鲁姆在其著作《教育目标分类学》中，借助幼儿全面身心发展的框架，提出了一种较为规范和明确的教育目标体系构建方法。该体系将教育目标划分为三大领域：

(1)认知领域，涉及知识的获取、理解、记忆、识别以及认知技能的塑造与进步。

(2)情感领域，关注情感、态度、行为习惯、价值观及社交能力的培养。

(3)动作技能领域，包含感官协调与动作协调能力的提升。

每个领域细分为不同层级，从简单到复杂、从易到难、从具体到抽象、从低级到高级。例如，认知领域包括知识、领会、运用、分析、综合、评价；情感领域分为注意、反应、评价、整合、个性化；动作技能领域则包括反射动作、基本-基础动作、知觉能力(动觉、视觉、听觉、触觉)、体能(耐力、柔韧性、力量)、技巧动作和有意沟通(表现性动作、创造性动作等)。[①]布鲁姆等所提出的教育目标分类不仅重视人的发展价值，而且经过长时间的实践检验。幼儿教师基于布鲁姆的分类学将幼儿园课程目标与学前教育实际相结合，进而将这些目标细化为认知、情感与动作技能三个方面。

在撰写幼儿园课程目标的时候，一般要求幼儿园课程目标的结构要完善，如下所示：

(1)认知：知道健康的重要性。

(2)能力：能开展简单的个人卫生清洁。

(3)情感：喜欢参加卫生活动。

四、幼儿园课程目标的表述

(一)课程目标取向

课程目标取向是根据教育理念、教育目标和学生需求等因素来确定的，以指导教学活动的设计和实施。课程目标取向一般分为行为目标取向、生成性目标取向、表现性目标取向。

1.行为目标取向

行为目标取向是一种以幼儿的行为改变为目标的教育取向，这种取向主要侧重于具体、可观察的行为结果，以及通过教育活动能够使幼儿掌握具体的技能和知识。其具有以下特点：

①冯晓霞.幼儿园课程[M].2版.北京：北京师范大学出版社，2001.

（1）明确具体。例如，“幼儿能够正确地从1数到10”“幼儿能够独立完成穿鞋子的动作”等。

（2）可度量。通过观察幼儿能否正确地从1数到10，教师就能判断幼儿是否达到了这个目标。

（3）实践导向。例如，穿鞋子是幼儿在日常生活中需要经常进行的活动，因此，“幼儿能够独立完成穿鞋子的动作”就是一个实践性很强的目标。

行为目标取向的以上特点使得教育活动的效果更容易被评估，同时，强调实践导向也有助于幼儿将在园所学习的知识和技能转化为实际生活中的行为。

2.生成性目标取向

生成性目标取向是一种以提升幼儿的认知能力和创造力为主要目标的教育取向。与行为目标取向主要关注具体的知识和技能不同，生成性目标取向更加关注培养幼儿的思考能力、问题解决能力以及创新能力。其具有以下特点：

（1）强调认知和理解。例如，教育的目标不应该只是帮助幼儿记住文字，而应该促进他们理解每个文字的含义，了解文字如何组合成词。

（2）促进思考和解决问题。例如，教育的目标可以是帮助幼儿学会提出问题，独立思考问题的解决方法，而不是直接给出答案。

（3）提倡创新和探索。例如，教育的目标可以是促进幼儿学会创造新的玩法，探索新的知识。

生成性目标取向尊重幼儿的主体性，强调启发和引导幼儿进行自我学习，更有利于培养幼儿的生命力和创新力。

3.表现性目标取向

表现性目标取向强调幼儿在学习过程中的实际表现和行为，它把重点放在学习过程的质量和深度上，而不仅仅是学习的结果或产品。其具有以下特点：

（1）重视过程。表现性目标取向认为，幼儿的学习并不仅仅在于获取知识，更重要的是在学习过程中的参与、思考和体验。例如，教育的目标不只是幼儿掌握计算技能，而是要他们理解并享受解决问题的过程。

（2）强调实际表现。表现性目标取向强调评估幼儿的实际表现，而不只是对知识的掌握程度进行测试。例如，教育的目标可以制订为幼儿在实际情境中展示他们的社交技能，而不仅仅是理解和记忆社交规则。

(3)提倡全面发展。表现性目标取向主张幼儿的全面发展,包括情感、社会、身体和认知等多个方面。例如,教育的目标可以制订为幼儿在游戏中展示他们的团队合作能力,同时也可以是提高他们的身体协调性。

表现性目标取向更加注重学习过程的实质和内涵,更有利于培养幼儿的全面能力和素质。

(二)幼儿园课程目标表述的角度

幼儿园课程目标可以从不同的角度进行表述,目前最常用的表述方式有以下两种。

1.以教师视角来表述课程目标

这个角度意味着明确指出在目标制订过程中,教师需要承担的职责或所追求的教学成果。这通常涉及使用“鼓励、引导、支持、激励、促进”等动词来描述教师的行动。

例如:

(1)(教师)激发孩子们对周围常见事物或现象的兴趣和探索欲;

(2)(教师)营造一个自由的环境,确保每位孩子都能参与探究,鼓励他们勇于提问和表达自己的观点;

(3)(教师)提供丰富的、可以实际操作的材料,使每位孩子都能通过多种感官和方法进行探索。

2.从幼儿的视角阐述课程目标

这个角度则是指出孩子在学习过程后应该具备的认识或能够展现的行为,这种描述常用“感知、喜爱、理解、能够”等词汇。

例如:

(1)(幼儿)能够积极参与各种活动,展现自信;

(2)(幼儿)愿意与他人交往,学习如何互助、合作和分享,表现出同情心;

(3)(幼儿)理解并遵循日常生活中的基本社会规范;

(4)(幼儿)能够努力完成自己能做到的事情,面对困难不退缩,培养初步的责任感;

(5)(幼儿)学会尊重他人的意见和经验。

值得注意的是，无论是从教师还是幼儿的角度表述目标，都需要保持表述角度的一致性，避免在同一组目标中混合使用两种角度。现在通常倾向于从孩子的视角出发，这样不仅可以更好地关注孩子的学习成果和需求，还能促进孩子基于现有水平的进一步发展，同时兼顾孩子的长期成长。

六、幼儿园课程目标的制订步骤

幼儿园课程目标的制订是幼儿园教育中非常重要的一环。制订明确的目标有助于指导教学和评价幼儿的发展。在确立幼儿园课程目标时，需要经过一系列的步骤来确保目标的科学性和有效性。以下将详细介绍幼儿园课程目标的制订步骤：

（一）研究和理解相关法规和政策

在制订幼儿园课程目标之前，教师团队需要研究并理解相关的法规和政策，了解国家或地区对幼儿园教育目标的要求和指导，包括国家课程标准、教育法规等。

（二）调研和调查幼儿的实际需求

教师团队需要进行调研和调查，通过观察、访谈、问卷调查等方式收集幼儿的信息，了解幼儿的实际需求和特点，如幼儿的兴趣、学习需求、发展水平等，为目标的制订提供依据。

（三）确定目标的范围和层次

根据研究和调查的结果，教师团队需要确定幼儿园课程目标的范围和层次。目标的范围包括幼儿教育的各个领域，如语言与沟通、社交情感、身体运动等。目标的层次可以根据幼儿的发展阶段、能力等因素进行分级，例如区域目标、领域目标和主题目标等。

（四）制订具体的目标内容

在确定目标的范围和层次后，教师团队需要制订具体的目标内容。目标应明确具体地描述幼儿在特定领域或能力上的预期表现。例如，可以将幼儿在语言表达方面的目标描述为“能够用简单的语言表达自己的想法和感受”。

（五）确定评价指标和评估方法

目标的制订还需要考虑评价指标和评估方法的设定。评价指标是对目标达成情况进行判断和评价的依据，评估方法是用于评价幼儿在目标方面的发展程度的具体方法。

（六）教师团队的讨论

在制订目标的过程中，教师团队需要进行讨论，达成共识，确保目标的科学性和可操作性。教师之间可以分享观点和经验，对目标进行修订和完善。

（七）与家长的沟通和反馈

制订好的目标需要与家长进行沟通和反馈。教师可以与家长分享幼儿的课程目标和教学计划，了解家长对课程目标的看法和期望。家长对目标的理解和支持有助于促进教师和家长的合作，共同关注幼儿的学习和发展。

（八）目标的修订

目标的制订是一个动态的过程，在实施中可能需要进行修订。教师团队可以根据实际情况对目标进行评估，根据评估结果对目标进行反思，并进行相应的修订，有助于确保目标的适应性和有效性。

资料链接

红红是一位非常有爱心和耐心的幼儿教师，她每天都充满热情地迎接着一群活泼可爱的幼儿们。

有一天，红红带着幼儿们一起坐在一片草地上。她拿出一张彩色的地图，上面画着许多小动物和各种有趣的图片。

红红笑着说："亲爱的小朋友，你们知道这是什么吗？"幼儿们兴奋地摇摇头，示意自己不知道。

红红继续说："这是我们的幼儿园课程目标地图！它代表了老师希望你们在幼儿园里能够学到的东西。"

红红指着地图上的一只小猫，说："看，这只小猫代表了老师希望你们学会尊重和关爱小动物。"接着，她又指着地图上的一颗星星，说："这颗星星代表了老师希望你们能够培养好奇心和探索精神，像闪闪发光的星星一样。"

幼儿们聚精会神地听着，他们的眼睛里闪烁着好奇和期待。

红红继续解释："这里还有很多其他的目标，像是发展语言能力、提升思维能力、培养运动技能、学会与他人合作等。老师希望你们在幼儿园里，能够全面发展自己，成为快乐、聪明和有爱心的小朋友。"

幼儿们听完后，纷纷点头表示理解。他们对幼儿园课程目标产生了浓厚的兴趣，期待着和红红一起开始实现这些目标的旅程。

幼儿园课程目标的层次和结构

任务二

幼儿园课程的内容

任务描述

本任务旨在让学生了解幼儿园课程内容的主要观点，知道幼儿园课程内容的来源与依据，能根据特定的目标选择与组织内容。

幼儿园课程内容的选择与组织

任务准备

(1)物质准备：《3~6岁儿童学习与发展指南》、纸张、笔。

(2)经验准备：学生到幼儿园见习，了解到目前幼儿园课程的内容。

工作表单

工作表单

在特定的主题下，根据特定的幼儿园课程目标，小组合作选择合适的幼儿园课程内容，并对课程内容进行合理的组织。

主题	
课程目标	认知：
	能力：
	情感：
课程内容的选择	
课程内容的组织	

学习支持

一、幼儿园课程内容的主要观点

幼儿园课程内容的主要观点指的是在幼儿园课程内容选择的时候，我们主要的价值取向，以及需要重视的方面。

(一)整体观和发展观的理论指导

在幼儿园教育中，整体观和发展观的理论指导占据了重要地位。它们对幼儿园课程内容的设计与实施起着决定性的作用，对促进幼儿全面发展、形成良好的学习习惯和积极的人格特质等具有重要影响。

1.整体观的理论

整体观的理论指导强调了教育的全面性和连贯性，尤其在幼儿园阶段，我们需要看到孩子的全面发展，而不仅仅是某一方面的能力或知识的发展。它主张在教学设计中，将幼儿的身心发展、社交技能、认知能力、创造力、情绪和价值观等各方面紧密结合，促进幼儿在参与和体验的过程中获得全面的发展。

2.发展观的理论

发展观的理论指导认为，每个幼儿都是独特的，他们在不同的领域和速度上发展，教育需要尊重幼儿的发展差异，提供符合他们发展阶段和能力的学习机会。因此，在选择和组织课程内容时，我们需要了解和关注幼儿的发展需求，结合幼儿的年龄、发展水平、兴趣和个体差异，设计适合他们的课程，激发他们的学习兴趣，促进他们的全面发展

(二)以幼儿为中心的原则

幼儿园教育应遵循以幼儿为中心的原则，这是现代幼儿教育的核心理念，也是幼儿园课程内容选择与组织的重要依据。

(三)课程内容的科学性与趣味性

幼儿园教育在选择与组织课程内容时，必须注重科学性和趣味性，这是选择幼儿园课程内容的两个基本原则，确保幼儿能够在课程中获得有效学习和全面发展。它

们对促进幼儿的认知发展、激发幼儿的学习兴趣,以及培养幼儿的学习习惯等方面具有重要作用。

(四)课程内容的多元化与综合性

幼儿园教育是以促进幼儿的全面发展为主要目标的,因此在课程内容的选择和组织上,需要确保课程内容的多元化与综合性。

二、幼儿园课程内容的来源与依据

(一)一般课程内容的来源与依据

课程内容的选择,是根据特定的教育价值观、课程内容的观点及相应的课程目标,从学科知识、社会生活以及学习者的经验中选择课程要素的过程。这些课程要素包含概念、方法、态度、原理、技能、价值观等。课程内容的基本取向分为三种:课程内容即学科知识、课程内容即社会生活经验、课程内容即学习者的经验。[①]一般幼儿园课程内容的来源如下:

1. 国家教育标准与地方教育政策

幼儿园课程内容的选择并非是随意进行的,它是在多种因素的影响和指导下进行的。其中,国家教育标准和地方教育政策是影响和决定幼儿园课程内容的重要依据。国家教育标准和地方教育政策作为制度性的要求和指导,对幼儿园课程内容的选择起着基础性和指导性的作用。

2. 学术研究与教育理论

学术研究和教育理论是另一个重要的来源和依据,用于指导幼儿园课程内容的选择。它们为我们提供了有关幼儿学习和发展的科学理解,帮助我们设计出更符合幼儿需求的课程内容。

3. 幼儿的成长需求与个体差异

在选择幼儿园课程内容时,理解每个幼儿的独特需求和差异,并根据这些需求和差异来设计课程内容,是幼儿教育的核心原则之一。

---

①王增周.语文课程的文化性格——本体:从预定到生成[D].上海:华东师范大学,2006.

4.家庭与社区的需求和资源

在确定幼儿园课程内容时,家庭和社区的需求以及可用资源也是需要考虑的重要因素。家庭是幼儿成长的第一环境,而社区则提供了丰富的学习资源和实践机会,他们的参与和支持对于幼儿教育的成功至关重要。

(二)特定的课程主题内容的选择

1.符合幼儿的兴趣和需求

选择特定的课程主题内容时,首先需要考虑的是它是否符合幼儿的兴趣和需求。幼儿的兴趣是他们学习动力的重要源泉,而他们的需求是他们学习目标的关键指引。

2.适合幼儿的发展阶段

选择课程主题内容时,也需要考虑其是否适合幼儿的发展阶段。这意味着,课程主题应与幼儿当前的认知、语言、社交、情感等方面的发展水平相匹配,以保证他们能够理解、参与和从中受益。

3.与生活实际和社区环境紧密联系

选择课程主题内容时,应尽量使其与幼儿的生活实际和社区环境紧密联系。这样做的原因有两点:一是促进幼儿在实际生活中感受和理解学习内容,有助于他们理解抽象概念和建立知识体系;二是促进幼儿在亲身参与和实践中学习,有助于他们发展问题解决和创新思考的能力。

资料链接

一天,奇妙幼儿园的教师们组织了一次户外探险活动。孩子们穿上探险服,手持放大镜,来到了校园的花园里。在花园里,他们看到了各种各样的昆虫和植物。老师们耐心地为孩子们解释它们的特点和生态环境,同时还教会了孩子们如何保护大自然和尊重生命。

这个探险活动促进孩子们对大自然的奇妙之处产生了浓厚的兴趣。回到教室后,老师们引导孩子们画出他们在花园中发现的昆虫和植物。孩子们用五彩斑斓的颜色和想象力,创作了美丽的艺术作品。他们还用简单的词语描述了昆虫和植物的特征,展示了他们在语言表达方面的进步。

这个案例告诉我们，幼儿园课程内容的选择有着重要的意义。通过综合性的学习，孩子们能够在各个方面得到发展，培养创造力、好奇心和解决问题的能力。同时，幼儿园的课程内容也应该注重培养孩子们对自然和社会的关注，引导他们成为有责任心和尊重他人的人。

三、幼儿园课程内容的组织

课程内容的组织，指的是在课程价值观念的指导下，将选出来的课程要素进行组合，妥善形成相应的课程结构，使各个课程要素在动态运行的课程结构系统中产生合力，有效地实现课程目标，促进课程创新和教学创新。

课程内容的组织有一定的维度和标准，即“垂直组织”和“水平组织”“螺旋式组织”；也有一定的基本取向，包括学科取向的课程组织、学习者兴趣和发展取向的课程组织、社会问题取向的课程组织与混合取向的课程组织。

课程内容的组织方式会直接影响幼儿的学习效果，因此需要有针对性的策略和方法。

（一）课程内容的层次性与序列性

课程内容的层次性与序列性是课程组织的重要原则，它强调课程的整体性、连贯性和递进性，包括课程的整体规划、课程内容的先后顺序和课程的延续性。

（二）课程内容的活动化与实践化

在幼儿园教育中，活动化和实践化的学习方式尤为重要。通过动手做和亲身体验，幼儿不仅可以学到知识，还可以培养实践能力、动手能力和探索精神。

（三）课程内容的情境化与体验化

情境化与体验化的设计策略是能将抽象的知识具象化，促进幼儿在参与和体验中获得深刻的理解和学习，并且可以更好地激发幼儿的学习兴趣，增强幼儿的学习动力，提高幼儿的学习效果，促进幼儿全面发展。

（四）课程内容的个性化与差异化

课程内容的组织需要充分考虑每个幼儿的个性和兴趣，以及幼儿的学习能力和发展水平，从而提供个性化和差异化的教学。

任务三

幼儿园课程的实施

幼儿园课程实施的途径

任务描述

本任务旨在让学生了解幼儿园课程实施的取向、原则、途径，并根据特定幼儿园课程目标和内容设计合理的幼儿园课程实施计划。

任务准备

（1）物质准备：《3~6 岁儿童学习与发展指南》，特定幼儿园课程目标和内容，纸张、笔。

（2）经验准备：学生到幼儿园见习，了解到目前幼儿园课程的实施情况。

工作表单

工作表单

根据特定的幼儿园课程目标和内容，小组合作设计幼儿园课程实施计划。

主题	
课程目标	认知：
	能力：
	情感：
课程内容	
幼儿园课程实施计划	

学习支持

一、课程实施的层次

古德莱德在探索教育改革与课程实施的过程中，提出了课程实施的五个层次，它可以帮助我们理解课程实施过程中可能出现的各种问题和挑战。

1.旨在实施的课程

这是课程设计者或教育决策者期望教师在教学中实施的课程，它在课程规划和教学大纲中被明确规定。

2.实施课程

这是教师在日常教学中实际执行的课程。由于教师的理解和解释可能存在差异，实施课程可能与旨在实施的课程存在一定的差距。

3.经验课程

这是学生在教学过程中实际体验到的课程。每个学生对课程内容的理解和接受可能都有所不同，因此他们的经验课程也会有所差异。

4.学生的学习课程

这是学生在课程实施过程中实际学到的知识、技能和态度，不同的学生可能会从同一课程中学到不同的东西。

5.影响课程

这是学生将所学内容应用到实际生活中的程度，它反映了课程对学生实际生活和未来发展的影响。

通过以上五个层次，我们可以更深入地理解课程实施的复杂性，以及课程设计、教师教学和学生学习之间的关系。

二、课程实施的基本取向

课程实施的基本取向指的是在实施课程的时候，主要考虑的标准或者价值观。

(一)忠实取向

忠实取向是课程实施的一种基本取向,其核心观念是尽可能忠实于原始的课程设计和计划。它强调教师需要按照课程设计者的意图和教学大纲的要求去进行教学,认为这是实现课程目标和保证教学质量的重要手段。这种取向的优点是可以保证教学内容的统一性和标准化,但缺点是可能忽视了学生的个体差异和教学环境的多样性。忠实取向具体体现在以下几方面:

1.严格遵循教学大纲

教师需要严格按照教学大纲的要求和教学计划进行教学,不偏离大纲的指导。

2.尊重课程设计者的意图

教师在教学过程中需要尽可能地理解和体现课程设计者的意图,包括教学内容、教学方法、教学目标等方面。

3.保证教学质量

通过忠实地实施教学大纲,教师可以保证教学的质量和效果,满足教育部门和社会对教育的要求。

4.忽视个体差异

忠实取向的一个主要缺点是可能忽视了学生的个体差异和需要,导致教学的个性化和针对性不强。

总的来说,忠实取向是一种保守但可行的课程实施策略,但也需要教师在实施过程中灵活处理,以适应不同的教学环境和学生需求。

(二)相互适应取向

相互适应取向是课程实施的另一种基本取向,它强调教师应灵活地调整教学策略,以适应不同的教学环境和学生的个体差异。这种取向认为,教学不应仅仅是对教学大纲的忠实执行,而应该是一种动态的、反应性的过程,教师需要根据实际情况做出适应。相互适应取向具体体现在以下几个方面:

1.强调教师的专业判断

在相互适应取向中,教师的专业判断和灵活应变能力被看作教学成功的关键。

教师需要根据学生的学习需求、兴趣、背景和能力，以及教学环境的特点，灵活调整教学策略。

2.重视学生的个体差异

相互适应取向强调尊重和照顾每一个学生的个体差异，鼓励教师实施个性化的教学，以满足每一个学生的学习需求。

3.注重教学环境的影响

教学环境包括物理环境、社会环境、文化环境等，这些环境因素对教学效果有着重要影响。相互适应取向强调教师应充分考虑这些环境因素，并在教学过程中做出适应。

4.教学是一种动态的过程

相互适应取向认为，教学不应被视为一种机械的、线性的过程，而应被视为一种动态的、迭代的过程。教师需要不断地反思、调整、改进自己的教学。

总的来说，相互适应取向强调了教学的灵活性、反应性和个性化，鼓励教师以更开放、更包容的心态去对待教学，但同时也对教师的专业能力和教学技巧提出了更高的要求。

资料链接

在一个温馨而快乐的幼儿园里，有一位名叫花花的老师，她用心设计了一堂寓教于乐的绘画课。

一天，花花为幼儿园的孩子们准备了一堂特别的绘画课。她摆放了各种颜色的画笔、水彩颜料和纸张。

花花笑着对孩子们说："今天我们要画一张童话世界的画，你们喜欢吗？"孩子们兴奋地鼓掌叫好。

花花拿起一幅绘画作品，上面描绘着一个美丽的森林。她开始讲述一个关于森林的故事，让孩子们想象自己置身其中。

在故事中，花花带领孩子们认识了森林中的各种生物，如可爱的小松鼠、调皮的兔子和神秘的小精灵。她告诉孩子们，森林是大自然的宝库，里面蕴藏着无穷的美好和奇迹。

接着，花花带着孩子们一起观察真实的植物和昆虫。他们走进校园的花园，仔细观察花朵的形状和颜色，闻着花的香味，还用手轻轻触摸花瓣的质地。

回到教室后，花花给每个孩子发了一张白纸和一支画笔。她鼓励孩子们用自己的想象力和创造力，画出他们心目中的森林。

孩子们投入地开始作画，有的画了一片郁郁葱葱的树林，有的画了一个梦幻般的湖泊，还有的画了一只调皮的小松鼠。他们用五彩斑斓的颜色勾勒出了一个个童话世界，展现出他们独特的想象力和艺术才华。

花花走到每个孩子身边，仔细观察他们的画作，并给予肯定和鼓励。她告诉他们，每个人的画都是独特的，每个人都有自己的风格和创意，只要用心去表达，就一定会有美丽的作品。

绘画课结束后，花花展示了孩子们的画作。孩子们纷纷欣赏彼此的作品，充满自豪地讲述自己画画的过程和心得。

这堂绘画课不仅仅是让孩子们学习绘画技巧，更重要的是通过讲故事和观察真实的植物，激发出他们对大自然的热爱和对美的感知能力。同时，绘画课也培养了孩子们的想象力、创造力和艺术表达能力。

（三）创生取向

课程创生取向是对课程实施的一种特殊理解，它将教学视为一种创新的过程，教师和学生共同参与到课程的发展与实施中，通过互动、交流和探索，实现教育目标。

1. 教师和学生的角色

在课程创生取向中，教师不再只是传授知识的人，而是成为引导者、促进者，他们的任务是创设一个有利于学生探索和学习的环境。同时，学生也不再是被动接受知识的对象，而是积极参与者，他们在教学过程中参与决策，探索新知，通过实践获得知识。

2. 教学活动的设计

课程创生取向强调实践和探索，因此，教学活动往往设计为项目式或主题式的活动，鼓励学生通过实践来获得知识和技能。这样的设计能够更好地激发学生的学习兴趣，培养他们的创新思维和问题解决能力。

3.评价方式的改变

传统的评价方式往往侧重于知识的掌握程度，而课程创生取向强调学生的全面发展，因此，评价方式也会更加多元化，除了知识掌握程度，还要考查学生的思维能力、问题解决能力、合作能力等。

4.教学反馈和改进

在课程创生取向中，教学是一个不断调整和改进的过程，教师需要根据学生的反馈和学习情况，及时调整教学策略，以更好地满足学生的学习需求。

总的来说，课程创生取向是一种更开放、更灵活、更注重学生主体性的教学理念，它能够更好地适应21世纪的教育需求，培养出具有创新精神和实践能力的人才。

教师在实施课程的时候，需要根据课程标准和相关要求，结合幼儿园具体情况，选择合适的取向实施课程。

三、幼儿园课程实施的原则

幼儿园课程实施的原则是指在幼儿园课程实施过程中遵守的规则或者考虑的因素。在幼儿园课程实施过程中，只有遵循原则，课程的实施才能更成功。下面将介绍幼儿园课程实施的原则。

（一）以幼儿为主体的实施原则

幼儿园教育最重要的是关注幼儿本身，理解和尊重幼儿的需求、兴趣和情感，让他们在课程中找到自己的位置，成为活动的主体。这一原则是幼儿园课程实施过程中的重要指导原则。以幼儿为主体的实施原则，要求教师在课程实施过程中，尊重幼儿的个性和差异，关注他们的需求和兴趣，引导他们积极参与，发挥主动性和创新性，使他们在愉快的氛围中全面发展。

（二）游戏化的实施原则

在幼儿园阶段，游戏是幼儿最基本也最自然的活动方式，是他们获取知识、理解世界的主要途径。因此，游戏化的实施原则强调将游戏融入课程实施的全过程，让幼儿在游戏中学习，在快乐中成长。游戏化的实施原则，要求教师在课程实施过程中，巧妙地将游戏与学习内容相结合，创设丰富多彩的游戏活动，引导幼儿在游戏中探索、体验、学习和成长，让幼儿在快乐中实现全面发展。

（三）生活化的实施原则

幼儿园课程实施的过程中，我们不能忽视生活这个最实际、最直接的教育资源。生活化的实施原则强调的是将幼儿的日常生活体验作为课程内容的重要部分，促进幼儿在生活中学习，提升幼儿的生活能力和社会交往能力。生活化的实施原则，要求教师在课程实施过程中，注意捕捉和利用生活中的教育机会，结合幼儿的生活经验，设计出富有生活气息的教学活动，引导幼儿在实际生活中学习和实践，培养幼儿的生活能力和社会交往能力。

（四）情境化的实施原则

情境化是指通过创设生动的、贴近生活的学习环境和情境，以激发幼儿的学习兴趣和动机，进而促进幼儿更好地学习和发展。情境化的实施原则，强调的是在课程实施过程中，教师需要具备良好的情境创设能力，将课程内容和幼儿的生活经验相结合，创设出真实、有趣、具有启发性的学习情境，引导幼儿在情境中学习，使幼儿的学习变得更加生动、有趣、有效。

四、幼儿园课程实施的途径

教学活动、游戏以及生活活动是幼儿园课程实施的重要途径。它们是幼儿园教育活动的三大组成部分，也是实施幼儿园课程的主要方式。

（一）教学活动

教学活动是指由教师组织和引导的，旨在帮助幼儿获取知识、发展技能、形成良好习惯和态度的活动。它既包括教师的教学，也包括幼儿的学习，二者相辅相成。在教学活动中，教师需要注重幼儿的主体地位，引导幼儿积极参与，自主学习，通过感知、体验、实践和反思，发展他们的认知、情感、技能和价值观。

在幼儿园课程实施中，教学活动的具体实施步骤、策略、方法等是尤其重要的。

1.教学活动的实施步骤

（1）教学目标的确定。每一项教学活动都应有明确的教学目标，这个目标应基于幼儿的年龄特征、发展阶段和兴趣，以及国家和地方的教育标准。

(2)教学内容的选择。教学内容应涵盖知识、技能、情感和态度等方面。它应富有趣味性和启发性,符合幼儿的认知水平,能激发幼儿的学习兴趣。

(3)教学方法的选择。根据教学目标和内容,以及幼儿的特性,选择合适的教学方法,例如游戏教学、情境教学、探索式教学等。

(4)教学过程的组织。教师在组织过程中应充分尊重幼儿的主体性,营造开放、自由、互动的学习环境。

(5)教学效果的评价。通过观察、记录和评估,了解幼儿的学习情况,为进一步的教学活动提供依据。

2.教学活动的实施策略

(1)合理安排教学活动的时间和节奏。每个活动的时间应适中,避免过长或过短。同时,教学的节奏要适应幼儿的生理和心理特点,保持活动的连贯性和整体性。

(2)根据幼儿的反应灵活调整教学活动。在教学过程中,教师要密切注意幼儿的反应,及时调整教学活动的内容和方式,满足幼儿的需求。

(3)创设丰富的教学环境。教学环境不仅包括物质环境,如教室布置、教具选择等,也包括非物质环境,如教学氛围、师生关系等。丰富的教学环境能激发幼儿的学习兴趣,提高学习效果。

3.教学活动的实施方法

(1)游戏教学法。通过各种游戏,让幼儿在游戏中学习,发展各种能力。

(2)情境教学法。通过创设各种情境,使幼儿在情境中学习,增强学习的真实感和生动感。

(3)探索式教学法。鼓励幼儿主动探索、提问、解决问题,培养幼儿的思维能力和创新能力。

(4)体验式教学法。让幼儿亲身体验,在感知、体验和实践中学习,增强学习的深度和广度。

幼儿园教学活动的实施是一项综合性的任务,需要教师具备专业的教育理念、扎实的教育知识、丰富的教育技能和高度的教育热情。只有这样,才能在教学活动中,真正实现以幼儿为主体、以活动为基础、以游戏为主要手段、以发展为根本目标的教育原则,促进幼儿的全面发展。

（二）游戏

游戏是幼儿最喜欢的活动形式，也是幼儿园课程实施的重要途径。游戏在幼儿园教育中占据着重要地位，它不仅能够帮助幼儿获取知识和技能，同时也可以为幼儿提供社会交往的机会，帮助幼儿形成合作意识和团队精神。在游戏中，幼儿可以在快乐中学习，发展他们的想象力和创造力。

游戏是幼儿园课程实施中最重要的方式，可以激发幼儿的学习兴趣和促进幼儿的综合发展。幼儿园课程实施中游戏的具体实施步骤、策略和方法如下。

1. 实施步骤

（1）目标设定。确立游戏的教学目标，明确希望幼儿通过游戏达到的学习结果。目标可以涵盖多个领域，如语言发展、社交技能、认知能力等。

（2）游戏选择。根据教学目标和幼儿的兴趣，选择适合的游戏活动。游戏可以包括角色扮演、模拟游戏、团队合作游戏等，以满足幼儿的不同需求和发展。

（3）游戏规则和指导。教师向幼儿介绍游戏规则，确保幼儿理解游戏的目的、规则和玩法，并提供必要的指导和示范。

（4）游戏实施。教师引导幼儿积极参与游戏，并提供适当的材料和资源，为幼儿创造合适的学习环境，确保游戏活动的安全性和教育性。

（5）观察和评估。教师要观察幼儿在游戏中的参与情况和表现，评估幼儿的学习和发展情况，记录关键的观察结果，以便对幼儿的学习进行反思和调整。

（6）反思和总结。教师与幼儿一起反思游戏的过程和结果，鼓励幼儿分享游戏的经验和感受，促进幼儿的自我评价和思考能力。

2. 策略和方法

（1）兴趣导向。兴趣是促使幼儿积极参与和学习的重要因素，要根据幼儿的兴趣和喜好选择游戏活动。

（2）多样化设计。教师结合幼儿的年龄、能力和兴趣，提供适合的游戏材料和环境，设计多样化的游戏活动，满足幼儿不同的发展需求。

（3）合作学习。组织小组游戏，鼓励幼儿在游戏中合作与分享，培养幼儿的社交技能和团队合作精神。

（4）提供引导。教师在游戏开始阶段，为幼儿提供适当的指导和支持，可以提供示范、提示和问题引导，帮助幼儿理解游戏规则和目标。

(5)创造性表达。教师提供艺术材料和角色扮演的机会,鼓励幼儿在游戏中展示创造性的表达,激发幼儿的想象力和创造力。

(6)情境引入。教师通过创造具体的情境,将幼儿从现实世界带入游戏中,让幼儿可以在游戏中模拟和体验真实的情况。

(7)教师的角色。教师是游戏的组织者和引导者,应为幼儿提供适当的支持和引导,以确保游戏活动的顺利进行,并促进幼儿的学习和发展。

(三)生活活动

生活活动是指幼儿在幼儿园日常生活中进行的各种活动,如饮食、卫生、睡眠、户外活动等。这些活动为幼儿提供了丰富的学习情境和体验机会,让幼儿在生活中学习,在学习中生活。幼儿通过参与生活活动,不仅可以学习到生活技能和知识,同时也可以形成良好的生活习惯和态度,提高自我服务能力,发展自主性。

在幼儿园课程实施中,生活活动占据了非常重要的地位。以下是关于生活活动的具体实施步骤、策略和方法。

1.生活活动的实施步骤

(1)明确活动目标。生活活动的目标应体现在培养幼儿的自我服务能力,社会性交往技巧以及对日常生活常识的理解与掌握上。

(2)选择活动内容。生活活动的内容需要结合幼儿的生活经验及其发展阶段,例如饮食、休息、个人卫生、环境整理、安全教育等。

(3)规划活动流程。生活活动的流程应保持一定的稳定性,同时也需要根据幼儿的需求和特点进行适当的调整。

(4)评估活动效果。通过观察和记录,评估幼儿在生活活动中的表现,以便了解他们的发展状况,提出改进活动的方法。

2.生活活动的实施策略

(1)尊重幼儿的自主性。让幼儿在生活活动中主动参与,自我管理,这样可以提高他们的自我服务能力和自我控制能力。

(2)创设真实的生活环境。让幼儿在真实的生活环境中学习和实践,以提高他们的实践技能和生活能力。

(3)注重活动的游戏性。结合游戏活动,让生活活动变得更有趣,从而激发幼儿的学习兴趣和动机。

(4)鼓励幼儿探索和创新。允许幼儿在活动中提出自己的想法和方法,鼓励他们探索和创新。

3.生活活动的实施方法

(1)示范引导法。教师通过示范,向幼儿展示如何完成某项生活活动,同时鼓励幼儿模仿和学习。

(2)任务驱动法。设定具体的任务,让幼儿在完成任务的过程中,自然地学习和掌握生活技能。

(3)分组合作法。通过分组合作的方式,培养幼儿的团队协作意识,提高幼儿的社交技巧。

(4)体验反思法。让幼儿在活动中自己实践,然后引导幼儿反思和总结,以提升他们的理解能力和思维能力。

任务四

幼儿园课程的评价

幼儿园课程评价的类型

任务描述

本次任务旨在让学生理解幼儿园课程评价的重要性和原则，了解幼儿园课程评价的对象、方法和应用；根据特定的幼儿园课程目标、内容和实施计划，制订特定幼儿园课程的评价指标。

任务准备

（1）物质准备：《3~6岁儿童学习与发展指南》、纸张、笔。

（2）经验准备：学生到幼儿园见习，了解到目前幼儿园课程的评价情况。

工作表单

工作表单

根据特定的幼儿园课程目标、内容和实施计划，小组合作设计幼儿园课程评价指标。

主题	
课程目标	认知：
	能力：
	情感：
课程内容	
幼儿园课程实施计划	

续表

评价指标

学习支持

一、幼儿园课程评价的重要性

(一)提升教学质量

幼儿园课程评价是提升教学质量的关键环节。首先,通过对课程进行定期和持续的评价,教师可以了解到课程设计和实施的效果,了解幼儿对课程内容的理解程度、吸收情况以及兴趣点,从而及时调整教学策略和内容,使之更符合幼儿的学习需求和发展阶段,确保教学效果最大化。

(二)指导课程改进

课程评价在指导课程改进方面的作用不可忽视。首先,评价过程可以帮助教师深入了解课程的优点和不足,为优化课程提供具体依据。在评价过程中,教师不仅要关注幼儿的学习成果,还需要关注幼儿的学习过程和体验。评价应该包含幼儿的学习动态、学习方式和学习兴趣等方面,以便教师获取更全面的信息,为课程改进提供多角度的借鉴。

(三)促进幼儿发展

幼儿园课程评价在促进幼儿发展方面发挥着关键作用。评价过程不仅关注幼儿的学习成绩,更重要的是关注幼儿的全面发展,包括他们的情感态度、生活技能、社交能力、思维能力等方面的发展。

二、幼儿园课程评价的原则

(一)尊重幼儿的个体差异

尊重幼儿的个体差异是幼儿园课程评价的核心原则。这一原则强调了教师对每个幼儿独特性的理解和认可,以及在评价过程中尊重和照顾幼儿的独特性,包括尊重个体发展的节奏和个性化的评价标准,运用多元化的评价方式和动态的评价观念。

(二)强调过程而非结果

强调过程而非结果是幼儿园课程评价的重要原则,强调了评价的动态性。在幼儿园教育中,我们更看重幼儿的成长过程,而不仅仅是学习结果,比如过程观察、成长记录、反馈及调整、体验。这有助于我们更准确地理解和评价幼儿的能力和潜力,为幼儿的发展提供更有效的支持。

(三)以幼儿的发展为中心

以幼儿的发展为中心是幼儿园课程评价的关键原则之一。这一原则要求教师对每个孩子的发展特性和需求有深刻理解,并将其视为评价的出发点和归宿,比如关注幼儿全面发展、尊重个体差异、评价适宜幼儿发展、评价为促进发展。以幼儿的发展为中心的原则强调了评价的人文性和发展性,体现了幼儿园教育的价值取向,即尊重每一个幼儿的独特性,关注幼儿的全面发展,支持幼儿的自我成长。

(四)融合家庭和社区的反馈

融合家庭和社区的反馈作为幼儿园课程评价的重要原则,强调了家庭、学校和社区之间的协同和相互依赖,比如家庭反馈、社区反馈、协同评价、运用反馈。融合家庭和社区的反馈原则强调了评价的社会性和共享性,体现了幼儿园教育的社区性和公共性。

家长和社区的反馈是幼儿园课程评价的重要部分,也是幼儿生活的重要组成部分,对幼儿的发展有着直接的影响。家长和社区的反馈可以从以下几个方面进行:家长的满意度、家长的观察、社区的反馈、家长和社区的建议。

三、幼儿园课程评价的对象

(一)幼儿的学习表现

在幼儿园课程评价中,幼儿的学习表现是一个重要的评价对象。评价幼儿的学习表现主要包括以下几个方面:知识理解和技能掌握、学习态度和兴趣、学习行为和习惯以及学习进步。

在评价过程中,重要的是以幼儿的发展为中心,尊重幼儿的个体差异,强调评价的过程性,以及家庭和社区的反馈。

(二)教师的教学行为

在幼儿园课程评价中,教师的教学行为是评价的另一个重要对象。在教学过程中,教师的角色不仅是知识的传递者,更是幼儿学习的引导者和推动者。评价教师的教学行为主要包括以下几个方面:教学计划和组织、教学方法和策略、互动和沟通、反思和自我提升。

在评价过程中,需要注意的是,对教师的教学行为的评价不应该只关注教师的表现,更应该关注其对幼儿学习和发展的影响,从而促进教师的专业发展,提高教学质量。

(三)课程的实施效果

课程的实施效果是幼儿园课程评价的重要对象。课程的实施效果主要侧重于以下几个方面:学习成果、学习过程、学习体验和教师的教学效果。

通过综合评价以上各方面,我们可以了解课程的实施效果,从而为课程的改进提供依据。在评价过程中,我们要注意避免过于依赖单一的评价方式或者评价工具,而应采用多元化的评价方式和评价工具,以更全面、准确地了解和评价课程的实施效果。

四、幼儿园课程评价的方法

(一)观察记录法

观察记录法是幼儿园课程评价中最常用且最直观的评价方法。教师可以直接观察幼儿在课堂和日常活动中的行为,了解幼儿的学习过程、技能掌握情况、情绪和社交表现等,通过观察得出评价结果。观察记录法的具体实施方式包括开放性观察、定向性观察、持续性观察。

观察记录法是一种主观性较强的评价方法，教师需要保持公正、客观的态度，避免因个人偏好或者预设观念影响评价结果。同时，对于观察结果，教师需要进行反思和分析，提炼出有价值的信息，用于课程的改进和幼儿的个性化教学。

（二）作品评价法

作品评价法是另一种在幼儿园课程评价中常用的方法。通过对幼儿的各种作品，包括绘画、手工制作、创意作品等进行评价，教师可以了解幼儿的创新能力、思维方式、表达技巧等多方面的发展情况。作品评价法的具体实施步骤包括作品收集、作品展示、作品分析和作品评价。

作品评价法尊重幼儿的创造性和个性，是一种以幼儿为主体，以过程为重点的评价方法。通过作品评价，教师可以更好地理解幼儿的内在世界，也可以为幼儿的学习和发展提供更有针对性的指导和支持。

（三）自我评价法

自我评价法鼓励幼儿对自己的学习表现、行为习惯和技能掌握情况进行自我评价和反思，能够让幼儿更深入地了解自己，培养幼儿的自我认知和自我评价能力，对幼儿的个性发展和自主学习具有重要的促进作用。

实施自我评价法，教师需要做的是引导和协助，而非替代幼儿进行评价，以下是实施步骤。

1.评价目标的设定

教师根据教学目标和幼儿的发展阶段，引导幼儿设定具体、可量化、可达成的自我评价目标。

2.自我评价的进行

幼儿在完成学习任务或日常活动后，对自己的表现进行自我评价，教师可以提供评价工具（如表格、量表、图示等）以帮助幼儿进行系统、有条理的自我评价。

3.反思与调整

幼儿在自我评价后，教师引导他们进行反思，找出做得好的地方和需要改进的地方，然后根据自我评价的结果调整学习计划或行为习惯。

4.持续关注与支持

教师持续关注幼儿的自我评价过程，提供必要的支持和帮助，对幼儿的努力和进步给予积极的反馈和鼓励。

在实施自我评价法时，教师需要注意避免评价过于严苛或者过于宽松，引导幼儿进行客观、公正、全面的自我评价，帮助幼儿建立积极、真实的自我形象。

（四）同伴评价法

同伴评价法是一种由同龄人或同伴进行的评价方法，它能够培养幼儿的同理心，提高他们的合作和交流能力，并加深幼儿对学习内容的理解。这种评价方法在幼儿园教学评价中被广泛应用，它将评价过程变得更具互动性和参与性。实施同伴评价法，需要注意以下几个步骤。

1.评价目标的设定

在同伴评价开始前，教师需要明确评价的目标，这些目标应是具体、明确且易于理解的。同时，教师需要向幼儿解释评价的目的和重要性，引导他们认识到同伴评价的价值。

2.同伴评价的进行

在活动或学习任务结束后，幼儿可以对同伴的表现进行评价。评价时，教师应鼓励幼儿用积极、正面的语言提出建设性的反馈。

3.反馈与讨论

在同伴评价后，教师可以组织幼儿共同讨论，分享各自的评价结果，互相学习和借鉴，还可以给予适时的反馈和引导，帮助幼儿理解和接受同伴的评价。

4.反思与调整

幼儿在同伴评价后，需要进行反思，以理解和接纳同伴的反馈，找出自己的优点和需要改进的地方，根据评价结果进行自我调整。

在实施同伴评价法时，教师需要注意营造一个尊重、友好、公正的评价环境，避免出现负面或伤害性的评价，鼓励每个幼儿都参与到评价过程中，使评价成为促进幼儿个体和集体发展的有效途径。

(五)家长评价法

家长评价法是一种以家长为主体的评价方法,它涉及家长对幼儿在幼儿园的表现、学习和成长情况的观察和反馈。在幼儿园教学评价中,家长评价法是一个重要的补充,因为家长是孩子生活中最亲密的人,他们对孩子的理解和观察往往比较深入和全面。实施家长评价法,可以遵循以下几个步骤。

1.建立良好的家园合作

幼儿园应该主动与家长建立良好的沟通和联系,以便于获取家长的评价和反馈。

2.提供评价指南

为了确保家长的评价更准确和具有实质性,幼儿园应该提供一些评价的指南或标准,包括评价的目标、要点和方法等。

3.定期收集评价

幼儿园应该定期(如每学期、每月)收集家长的评价,以了解幼儿在幼儿园和家庭中的表现。

4.反馈和讨论

收集家长的评价后,幼儿园应该反馈给教师和幼儿,以便于他们了解和改进。

5.整合和利用评价结果

家长的评价应该作为幼儿园教学评价的重要参考,整合到课程改进和教学决策中。

实施家长评价法时,需要尊重家长的观点和感受,同时也要鼓励家长以积极、正面的态度参与到评价中,形成家校共同参与的评价模式。

五、幼儿园课程评价的应用

(一)指导教学

指导教学是幼儿园课程评价的重要应用之一。通过对幼儿的学习表现、教师的教学行为以及课程的实施效果进行评价,教师可以了解到教学活动的效果、找出存在的问题,并据此调整教学策略,以更好地适应幼儿的发展需求。具体来说,教学评价可以帮助教师明确教学目标、改善教学方法、优化课程内容和调整教学节奏。

(二)指导课程改进

指导课程改进是幼儿园课程评价的另一个关键应用。通过对幼儿的学习表现、教师的教学行为、课程的实施效果进行评价以及家长和社区的反馈,教育者和幼儿园管理者可以发现课程设计和实施中的问题,并据此进行必要的课程改进,具体包括完善课程内容、改进课程结构、优化课程方法、提升课程质量和推动课程创新。

(三)促进幼儿全面发展

促进幼儿全面发展是幼儿园课程评价的重要运用之一。通过课程评价,我们可以获得幼儿在各个发展领域的具体表现,进而制订出更有针对性的教育策略,促进幼儿的全面发展。具体包括发现幼儿的优势和弱点,提供个性化的教育支持,建立全面的发展目标,鼓励幼儿自我反思和自我评价。

(四)与家长和社区的沟通

与家长和社区的沟通是幼儿园课程评价的重要运用之一。通过分享评价结果,我们不仅可以增加家长对幼儿学习情况的了解,还可以引入社区资源,共同促进幼儿的全面发展。具体表现为提升家长的理解度和参与度,拓宽评价的视角和来源,引入社区资源和建立幼儿园、家庭和社区的合作关系。

资料链接

在一个名为"快乐宝贝"的幼儿园,李老师为孩子们设计了一堂有趣的课程,让我们来看一下家长们对这堂课程的评价吧。

周末的家长会上,幼儿园的家长们聚集在一起,互相交流着对幼儿园的课程评价。其中,有一位家长小王对李老师的课程表示了高度赞赏。

小王说:"我家孩子最近在幼儿园上了一堂非常有趣的音乐课,他回家后一直兴奋地和我讲述他在课堂上的所见所闻。我真的很感激李老师为孩子们设计了这样一堂生动活泼的课程。"

小王继续说道:"这堂音乐课中,李老师并不仅仅教孩子们唱歌和节奏,她通过音乐激发了孩子们的创造力和表达欲望。孩子们用各种乐器模仿动物声音,还学会了跟着音乐舞动身体。孩子们欢快的笑容和他们对音乐的热爱,真的让我非常开心。"

小王还提到了李老师的教学方法:"李老师将课堂变成了一个充满互动和合作的环境。孩子们通过合唱、合奏和舞蹈来展示自己,他们学会了尊重他人的声音和意见。这种互动的学习方式不仅提高了孩子们的音乐技巧,还培养了他们的团队合作和社交能力。"

小王总结道:"我认为这样有趣且富有创造性的课程对孩子们的成长有着重要的意义。不仅仅是为了学习音乐,更重要的是培养了孩子们的自信心和表达能力。我真心感谢李老师为孩子们带来了如此精彩的课程,让他们在快乐中成长。"

这位家长的评价充分体现了李老师设计的课程的价值和意义。通过有趣的音乐课,孩子们不仅学习了音乐技巧,还培养了创造力、表达能力和团队合作精神。这样的课程不仅满足了孩子们的兴趣和好奇心,还对他们的全面发展起到了积极的推动作用。

幼儿园课程评价是指对幼儿园教育课程的效果和质量进行评估和反馈的过程。它通过收集、分析和解释相关数据和信息,以评估幼儿园课程的实施效果,为教师和教育决策者提供有关幼儿园教育的改进和发展的参考信息。幼儿园课程评价的目的是确定幼儿园课程的有效性、适应性和可持续性,以确保幼儿得到优质的教育。

任务评价

主题	内容	优秀	良好	一般	较差	很差
学习态度	能准时参加本次学习任务,并完成任务	5	4	3	2	1
专业知识	理解幼儿园课程目标的内涵、来源、层次、结构以及制订的要求;熟悉幼儿园课程目标表述的基本方法;了解幼儿园课程内容的主要观点以及内容选择的来源与依据;理解幼儿园课程实施的原则,知道幼儿园课程实施的途径和组织方式,知道幼儿园课程评价的基本方法	5	4	3	2	1
研讨精神	积极参与讨论,对其他人的发言能提出合理的分析和见解	5	4	3	2	1
团队协作	能很好地融入课堂小组讨论,共同推进学习进程	5	4	3	2	1
沟通交流	能够清晰准确地表达自己的观点,与他人交流时态度语气恰当	5	4	3	2	1

续表

主题	内容	优秀	良好	一般	较差	很差
人文素养	能够关注幼儿课程相关知识，有意识地树立职业精神	5	4	3	2	1
信息素养	会检索常见的学前教育文献数据库，主动阅读学前教育文献	5	4	3	2	1
实践应用	能撰写幼儿园课程目标；能根据设定的目标选择和组织幼儿园课程内容，并组织课程实施；能制订课程评价指标	5	4	3	2	1
自我小结						

项目小结

本项目主要围绕幼儿园课程的基本要素进行展开，包括课程目标、课程内容、课程的实施以及课程的评价。

课程目标的制订是基础，它确定了幼儿园教育培养目标。明确的目标有助于整个课程内容的有序展开，确保教育活动的针对性和有效性。课程内容的选择和编排须贴近幼儿的生活实际，涵盖“五大领域”，满足幼儿的好奇心和探索欲，促进其全面发展。课程的实施关注如何将课程目标和内容转化为具体的教学、游戏和生活活动，有效的实施策略能够提高幼儿的参与度。课程的评价是对整个教学过程和结果的反馈，不仅有助于了解幼儿的学习进展，还可以为课程的调整和优化提供依据。

直通赛证

一、真题再现

(1)制订一日活动计划主要是依据(　　)。

A.社会发展和幼儿身心发展的规律

B.当地文化特点和本班幼儿身心发展状况

C.本周计划和本班幼儿兴趣与需要

D.幼儿园和班级的学期计划

(2)从生活中选择幼儿感兴趣的事物和问题作为教学内容的主要原因是(　　)。

A.教师容易制作教具　　B.便于教师教学

C.符合家长的希望　　D.符合幼儿的学习特点

(3)下列各项中,不属于课程四要素的是(　　)。

A.课程设计　　B.课程目标　　C.课程组织与实施　　D.课程内容

二、论述题

(1)列出幼儿园课程生活化的实施要求并分别举例说明。

(2)为什么幼儿园教育内容要贴近幼儿的生活?

实践实训

案例分析:

大大王幼儿园课程实施方案

一、课程目标

本课程旨在促进幼儿在身心、社会性、认知、情感和美感等方面的全面发展,确保每个幼儿能够在各自的发展水平上取得进步。具体目标分为:

认知发展:提高幼儿的观察力、思维力和问题解决能力。

身体与健康:增强幼儿的身体健康和运动协调能力。

社会性发展:培养幼儿的合作、沟通能力和社会适应能力。

情感与价值观:促进幼儿的情感表达和价值观形成。

艺术与创造力:培养幼儿的艺术欣赏能力和创造性思维。

二、教学内容

课程内容围绕五大发展领域,采用主题式教学,每个主题持续一周至两周。主题示例包括“自然探索”“我和我的家”“节日与文化”等。

认知发展:数字和逻辑游戏、环境探索活动、简单的科学实验。

身体与健康:日常体育活动、健康习惯培养、基本生活自理能力培养。

社会性发展:角色扮演游戏、团队合作任务、社会规则教育。

情感与价值观:情感分享会、故事讲述、道德讨论。

艺术与创造力:绘画、手工、音乐和舞蹈活动。

三、教学方法

游戏化学习:通过游戏活动使幼儿在玩乐中学习,提高学习的兴趣。

探索式学习:鼓励幼儿主动探索、提问和解决问题,培养独立思考能力。

情境式学习:创设真实或模拟的生活情境,促进幼儿的情感、社会性和语言表达能力发展。

多媒体教学:利用音频、视频等多媒体资源,丰富教学内容和形式。

四、评价方式

过程评价:注重观察幼儿在日常活动中的表现,评价其参与程度、情感态度、合作能力等。

作品评价:通过幼儿的绘画、手工、表演等作品来评价其创造力和艺术表达能力。

自我评价:鼓励幼儿进行自我反思,培养自我评价和自我改进的能力。

家长反馈:定期与家长沟通,了解幼儿在家的表现,共同参与幼儿的成长过程。

五、保障措施

师资培训:定期组织教师进行专业培训和教学交流,不断提升教师的专业水平和教学能力。

家园合作:建立家园共育机制,定期组织家长会、家访等活动,加强家园沟通,共同关注幼儿的成长需求。

环境建设:营造安全、温馨、富有创意的学习环境,提供丰富的教学资源和材料,满足幼儿的学习和发展需求。

健康监测:建立幼儿健康档案,定期进行健康检查,及时发现和解决健康问题。

本课程实施方案以幼儿的全面发展为核心,通过丰富多样的教学内容和方法,营造一个有利于幼儿成长的学习环境,同时强调家园合作,共同促进幼儿健康、快乐地成长。

分析上面幼儿园课程实施方案,根据本项目的学习内容,对此方案的目标、内容、实施和评价做出评析,并修改完善此方案,使方案具可行性。

推荐阅读

[1]王怡.幼儿园课程[M].南京:南京大学出版社,2019.

[2]曾彬.幼儿园课程[M].北京:清华大学出版社,2017.

项目三

幼儿园课程计划的制订

学习目标

知识目标

（1）理解幼儿园课程计划制订的基本要求。

（2）了解幼儿园课程计划制订的一般步骤。

（3）掌握幼儿园不同层次课程计划制订的一般要求。

技能目标

能制订学期课程计划、月课程计划、周课程计划、一日活动计划。

素质目标

（1）初步树立科学的幼儿园课程观念。

（2）关爱幼儿，热爱学前教育事业，具有严格根据政策规范制订课程计划的意识。

学习重难点

学习重点

（1）了解幼儿园课程计划制订的一般步骤。

（2）掌握幼儿园不同层次课程计划制订的一般要求。

（3）会制订学期课程计划、月课程计划、周课程计划、一日活动计划。

学习难点

能够制订出合理的学期课程计划、月课程计划、周课程计划、一日活动计划。

思维导图

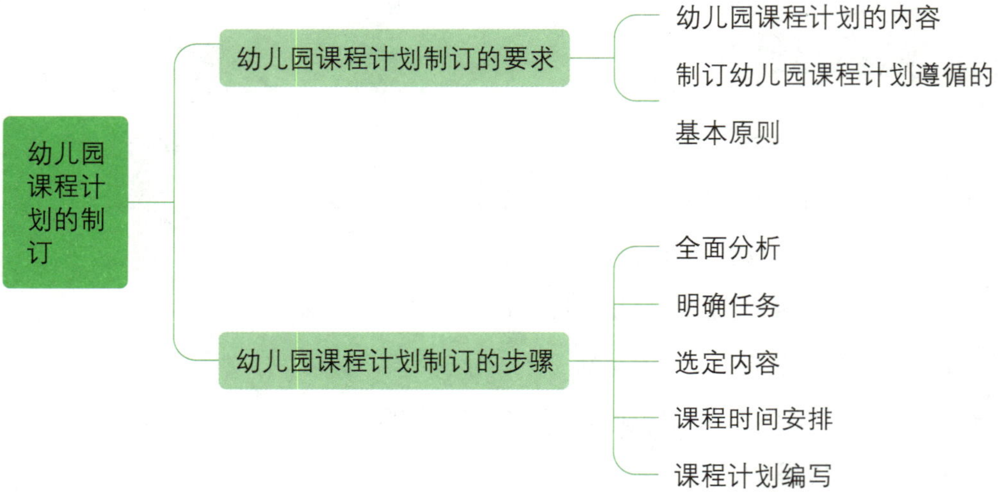
幼儿园课程计划的制订
幼儿园课程计划制订的要求
幼儿园课程计划的内容
制订幼儿园课程计划遵循的基本原则
幼儿园课程计划制订的步骤
全面分析
明确任务
选定内容
课程时间安排
课程计划编写

任务一

幼儿园课程计划制订的要求

任务描述

本任务旨在让学生了解幼儿园课程计划的内容，理解幼儿园课程计划制订的要求。

任务准备

（1）材料准备：教案、课件、教材、《3~6岁儿童学习与发展指南》。

（2）经验准备：学生到幼儿园见习，了解目前幼儿园课程计划制订情况。

工作表单

工作表单

通过教师的讲解和阅读学习支持，总结幼儿园课程计划制订的要求，并分享你对其的理解。

分享：

学习支持

一、幼儿园课程计划的内容

1. 教师按课程要求有目的、有计划地设计和组织教育活动

根据幼儿的发展需要和学习目标，教师制订具体的教育活动计划，确保教学的针对性和有效性。教师设计多样化的活动，包括游戏、绘画、音乐、手工等，以鼓励幼儿全面发展。教师制订教学目标和评估标准，确保幼儿的学习成果能够得到有效评估和反馈。

2. 幼儿在园一日生活活动安排与组织，幼儿自选活动的组织和指导

幼儿在园生活的一日活动安排和组织是幼儿园课程计划的重要组成部分。教师根据幼儿的生活习惯和兴趣，合理安排日常活动，如吃饭、午休、游戏等，以促进幼儿的自理能力和社交技能的发展。同时，教师鼓励幼儿自主选择活动，并提供相应的指导和支持。

3. 幼儿园教育环境的创设与利用

幼儿园教育环境的创设和利用是幼儿园课程计划的重要内容之一。教师根据幼儿的年龄特点和学习需求，布置具有吸引力和启发性的教育环境，如角色扮演区、阅读角、艺术区等。教师利用环境资源，创设情境，以促进幼儿的综合能力和创造力的发展。

4. 幼儿园家长工作及与社区的联系

幼儿园课程计划还包括家长工作和与社区的联系。教师与家长保持密切的沟通和合作，定期举办家长会、亲子活动等，共同关注幼儿的成长和发展。幼儿园与社区合作，开展一些社区活动，如参观、义务服务等，以拓宽幼儿的视野和社交圈子。

二、制订幼儿园课程计划遵循的基本原则

（一）全面性原则

全面性原则是幼儿园课程计划制订的一个重要指导原则。幼儿园课程计划的制

订要保证全面性，将所有课程目标、课程内容与课程实施途径都考虑在内，这是促进幼儿全面和谐发展的前提。通过综合考虑以下因素实现全面性原则：

1.考虑不同领域的课程目标

幼儿园课程计划应该包括幼儿在不同领域的发展目标，如身体发展、认知发展、语言发展、社会情感发展等。教师通过在课程中有针对性地安排活动和教学内容，使幼儿在各个领域都能得到充分发展。

2.综合各类课程内容

幼儿园课程计划应该综合各类课程内容，如语言、数学、科学、艺术、音乐等，通过有意识地将这些内容融入教学活动中，可以激发幼儿的多元智能和创造力，促进他们全面发展。

3.考虑不同的教学方法和途径

幼儿园课程计划制订时需要考虑不同的教学方法和途径，如游戏、探究、合作学习等，通过灵活运用不同的教学方法和途径，可以满足幼儿在认知、情感、社交等方面的发展需求，促进他们全面成长。

4.考虑个体差异和兴趣特点

教师制订幼儿园课程计划时应该考虑每个幼儿的个体差异和兴趣特点。教师在制订和实施课程时，要注意观察和了解每个幼儿的需求，根据其兴趣和特长进行个性化的指导和支持，以促进他们的全面发展和个性发展。

（二）客观性原则

客观性原则在制订幼儿园课程计划中强调教师应基于科学研究和教育原理，客观而系统地考虑幼儿的发展特点和需求，并确保课程目标和内容的科学性和合理性。

1.基于科学研究和教育原理

教师在制订幼儿园课程计划时应借鉴科学研究成果和教育原理，如儿童发展理论、认知心理学、教育心理学等。这些基于科学研究的理论和原则可以为课程设计提供科学依据，确保课程目标和内容符合幼儿的认知和发展规律。

2.考虑幼儿的发展特点和需求

在制订课程计划时，教师应准确把握幼儿的年龄特征，了解他们的兴趣、能力和学习风格，以确保课程目标和内容的适宜性。

（三）衔接性原则

衔接性原则是指在幼儿教育中，不同年龄阶段的课程计划之间应该相互衔接，以体现幼儿学习经验发展的渐进性与连续性。在制订课程计划时，教师要考虑到幼儿在不同阶段的认知、情感、社交和身体发展特点，合理安排教学内容和活动，使其能够有机地连接起来。

1.各年龄段幼儿课程计划的衔接

小班，教师可以通过创设丰富的感官和情感体验活动，培养幼儿的基本生活习惯，引导幼儿积极探索和发现。中班，教师可以逐渐引入更加具体的学习内容，培养幼儿的基本技能和认知能力。大班，教师应该注重幼儿综合能力的培养，帮助幼儿逐步适应小学生活的要求。

2.不同层次的课程计划的项目的衔接

教师在制订计划时要确保总体计划、年龄阶段计划、学期计划、单元计划和具体活动计划相互协调、衔接，避免重复或遗漏，形成一个完整的教育体系，以保证整个课程计划的有效性。

（四）灵活性原则

1.根据幼儿的兴趣和学习进展进行调整和修改

教师要密切观察幼儿的学习表现，了解幼儿的兴趣和需求，并据此灵活地调整教学内容和策略。如果教师发现幼儿对某个主题或活动表现出浓厚的兴趣，教师可以根据这个兴趣点展开更多的学习活动，以激发幼儿的主动学习动力。

2.根据幼儿发展进程与特点，安排学习活动的时间和顺序

教师可以根据幼儿的发展情况，调整学习任务的顺序和时间分配，确保每个幼儿都能够在适宜的时间内完成学习目标。不同幼儿在认知、情感、社交和身体发展方面存在差异，因此，教师需要根据幼儿的个体差异来确定适合的学习进度和难度。

3.根据幼儿的反馈和需求,及时调整和改进课程计划

教师可通过观察幼儿的学习表现、进行个别交流以及与家长进行沟通,了解幼儿的学习情况和需求,并根据这些信息灵活地调整课程计划,增加或减少学习内容,以满足幼儿的需求和促进他们的进一步发展。

(五)循序渐进原则

循序渐进原则是指在制订课程计划中,需要根据幼儿的年龄特点和学习能力,合理安排教学内容和学习活动的难度和顺序。

1.根据不同年龄幼儿特点循序渐进

根据不同年龄段幼儿的认知、情感、社交和身体发展水平等具体特点,合理确定教学内容的难度和复杂程度。如:小班可以通过丰富的感官体验和亲子活动来激发幼儿的兴趣,培养他们的基本生活习惯;中班可以逐渐引入更加具体和抽象的概念。

2.根据学习活动的顺序循序渐进

考虑到幼儿学习的连贯性和递进性,学习活动的顺序应该从简单到复杂、从具体到抽象,帮助幼儿逐步建立起知识和技能的框架。如语言发展中,可以先引导幼儿掌握基本的听、说、读、写技能,然后逐步引入更加复杂的语言活动,如句子构成、故事阅读和写作。

3.根据幼儿发展水平和进程循序渐进

教师应根据幼儿发展水平和进程个别化地调整教学策略和教学内容,在活动中密切观察幼儿的学习表现,及时给予肯定和反馈,根据幼儿的实际需求和进展调整教学计划。如对于学习较慢的幼儿,教师可以提供更多的辅助材料和个别指导,帮助幼儿逐步跟上整体学习进程。

(六)个别性原则

个别性原则强调每个幼儿都是独特的个体,拥有不同的发展节奏和兴趣特点。因此,在设计和实施课程计划时,教师应该充分考虑到这些个体差异,尊重每个幼儿的需求和特点。

1.个体差异

采用个性化的教学方法和策略，对于学习速度较快的幼儿，教师可以提供更具挑战性的学习任务，以满足幼儿的学习需求，并帮助他们更好发展潜力；对于学习速度较慢的幼儿，教师可以提供更多的支持和引导，帮助幼儿逐步克服困难，达到预期的学习目标。

2.兴趣与特长

教师应根据幼儿的兴趣和特长，设计多样化的学习活动，促进幼儿在各个领域的全面发展。如对于喜欢语言和艺术的幼儿，教师可以增加相关活动和材料，以发展他们的表达能力。

家园合作，教师应与家长交流并了解幼儿在家庭环境中的兴趣和需求，以调整课程计划和教学策略，更好地满足幼儿的个体发展需求。

任务二

幼儿园课程计划制订的步骤

任务描述

本任务旨在使学生知道幼儿园课程计划制订的步骤，能够制订幼儿园的学期课程计划、月课程计划、周课程计划、一日活动计划。

任务准备

（1）材料准备：教案、课件、教材、《3~6岁儿童学习与发展指南》、纸张、笔等。

（2）经验准备：学生到幼儿园见习，了解目前幼儿园课程计划制订情况。

工作表单

工作表单1

通过教师的讲解和阅读学习支持，请将幼儿园课程计划制订的步骤写在下面，并谈一谈你的想法。

步骤1	
步骤2	
步骤3	
步骤4	
步骤5	
步骤6	
你认为在这些过程中需要注意什么？谈谈你的想法。	

工作表单2

小组合作，并结合到幼儿园实践的经历，请以小组为单位制订幼儿园课程的学期计划、月课程计划、周课程计划、一日活动计划，并派代表谈一谈心得体会。

幼儿园课程学期计划	
幼儿园课程月计划	
幼儿园课程周计划	
幼儿园课程一日活动计划	
心得体会	

学习支持

一、全面分析

（一）理解幼儿园课程计划的主旨

在制订课程计划时，教师须明确幼儿园课程计划的主旨，充分考虑幼儿的特点和需求，包括年龄、认知水平、兴趣爱好等，以及教育目标和教育法规的要求，确保教学内容的丰富性和系统性，促进幼儿的全面发展。

（二）了解幼儿的认知水平和兴趣爱好

第一步，分析幼儿的特点和需求，确保教学的系统性和丰富性。

第二步，确定教学目标。确定教学目标并细化为具体的、可测量的评价指标，以便于评估教学成果。

第三步，制订教学计划。教师根据教学目标和学生需求安排教学内容，详细制订幼儿园教育活动计划。

第四步，进行教学评估。教师根据教学目标和幼儿的表现，对教学成果进行评估，并及时调整教学计划，以实现更好的教学效果。

（三）制订课程计划的注意事项

在制订幼儿园课程计划时，教师还需要注意教学计划的灵活性和可调整性，以适应幼儿的需求和变化；要注意教学评估的客观性和全面性，避免评估结果受到主观因素的影响；要注意教学内容的多样性和趣味性，以提高幼儿的兴趣和积极性。

二、明确任务①

幼儿园课程要能够提高幼儿对教学活动的兴趣，通过新颖的教学法让幼儿达到教学目标，完成教材基本教学内容。

（一）习惯养成

幼儿园课程应能够促进幼儿身体正常发育和机能协调发展，增强体质，培养幼儿良好的生活习惯、卫生习惯和参加体育活动的兴趣。

（二）发展潜力

幼儿园课程应能够发展幼儿智力，培养幼儿正确运用感官和语言交往的基本能力，增进幼儿对环境的认识，培养对幼儿有益的兴趣和求知欲望，培养幼儿初步的动手能力。

①赵永玲．中瑞学前教育比较［J］．新课程（上），2011(9)：106.

(三)陶冶情操

幼儿园课程应能够萌发幼儿爱家乡、爱祖国、爱集体、爱劳动、爱科学的情感,培养幼儿诚实、自信、好问、友爱、勇敢、爱护公物、克服困难、讲礼貌、守纪律等良好的品德行为和习惯,以及活泼、开朗的性格。

三、选定内容①

幼儿园课程内容是由课程目标决定的,而课程目标的达成又离不开课程内容。幼儿园课程内容的选定应做到:

1.满足幼儿发展的整体需要,有效地发挥各领域的教育作用

幼儿园课程内容的选定从总体的范围来说,应能满足幼儿身心各方面的发展需要,包括身体、认知、语言、社会性、情感、创造诸方面,并使这几方面得到平衡发展。在选择和确定内容时,要综合考虑各领域对幼儿某方面发展的特殊教育作用及其对诸方面发展的一般作用。如体育、语言、数学、科学、社会、音乐、美术等,这些内容都对幼儿身心发展的相关方面具有特殊的教育作用,彼此不能替代。

2.符合幼儿的年龄特点

幼儿在童年时期,有其特殊的学习需要和学习对象,教师不能把未来所用的知识技能简单地压在幼儿身上,进行超前教育。幼儿学习的内容,应当符合幼儿期的年龄特点和幼儿期的生活需要,不要把适合在小学学习的东西拉到幼儿园来。

3.联系幼儿的实际生活经验与兴趣

学习与生活有关的事物,幼儿才容易掌握,才能够引起联想,才有学习的兴趣。因此,教师在提供幼儿学习的内容时,应尽可能地使幼儿看得见、摸得着,要让幼儿能够亲身感受与体验。正如陈鹤琴先生所说"大自然、大社会,都是活教材"。

4.适合幼儿的能力与发展需要

幼儿园课程内容的选定应既能满足幼儿当前发展的需要,又能促进幼儿能力的提高,为后面的学习奠定基础,对幼儿过难或过易的内容都不利于幼儿的学习与发展。对幼儿具有挑战性的学习内容,才能激起幼儿的学习兴趣,才具有促进幼儿发展的价值,恰当的学习内容应使幼儿"跳一跳,够得着"。

---

①苟增强.幼儿教育通识基础[M].保定:河北大学出版社,2012.

四、课程时间安排

不同地区、不同幼儿园上课时间有所差异，但大致相同。一般是：早上8:00点入园，8:30吃早点，9:00—11:00是上课时间，11:00—14:30是午餐与午休的时间，下午3:00—4:00是上课时间，下午4:00放学。

幼儿园课堂时间一般小班为15分钟、中班为20分钟、大班为25分钟。

五、课程计划编写

幼儿园课程计划是指导幼儿园课程教学的指导性文件，一般课程计划编写主要包括以下几个方面：

(一)教学目标

课程计划的教学目标主要包括：

(1)培养幼儿的动手能力和观察能力，培养幼儿的想象力和创造力；

(2)培养幼儿的语言表达能力和沟通能力，提高幼儿的听说读写能力；

(3)培养幼儿的社会认知和社交能力，培养幼儿的合作意识和团队合作能力；

(4)培养幼儿的审美能力和艺术鉴赏能力，培养幼儿的艺术创造能力；

(5)培养幼儿的健康意识和生活习惯，提高幼儿的生活自理能力。

(二)教学内容

1.语言与沟通能力

(1)日常口语表达。幼儿须学习常见的问候语，以及“谢谢”“对不起”等日常用语。

(2)幼儿绘本阅读。幼儿可通过绘本阅读活动，培养阅读兴趣和理解能力。

(3)语言启蒙。幼儿可通过歌曲、游戏和简单的对话，培养听说能力。

2.数学与逻辑思维能力

(1)数字认知。幼儿可通过数学故事、数学游戏等活动，学习数的概念和基本的数数技巧。

(2)形状与空间。幼儿可通过拼图、造型游戏等活动，培养形状辨识和空间感知能力。

(3)逻辑思维培养。幼儿可通过拼图、迷宫游戏等活动,培养逻辑思维和问题解决能力。

3.科学与探索精神

(1)自然观察。幼儿可通过观看自然景观、观察自然现象等活动,培养对自然的兴趣和观察能力。

(2)动物和植物。幼儿可通过标本展示和实地参观,了解不同种类的动物和植物,养成对生态环境的保护意识。

(3)实验探索。幼儿可通过简单的科学实验,学会观察、提问、探索,养成科学思维和实验能力。

4.艺术与创造力

(1)绘画与手工制作。幼儿可通过涂鸦、剪纸、折纸等活动,具备艺术创造力。

(2)音乐与舞蹈。幼儿可通过唱歌、跳舞等活动,具备音乐感知与动作协调能力。

(3)戏剧表演。幼儿可通过角色扮演、故事讲述等活动,具备表演能力和艺术表达能力。

5.健康与生活习惯

(1)饮食健康。幼儿可辨识常见的食物和学习营养知识,养成健康的饮食习惯。

(2)个人卫生。幼儿可通过洗手、刷牙等个人卫生活动,养成自我保健意识。

(3)身体锻炼。幼儿可通过游戏、体操等活动,养成身体协调能力,具备动作灵活性。

(三)教学方法

1.游戏教学法

通过游戏活动,激发幼儿的学习兴趣,引导幼儿积极参与学习。

2.观察教学法

通过观察和实践,帮助幼儿理解学习内容,提高幼儿的观察和思考能力。

3.合作学习法

通过小组合作学习活动,培养幼儿的合作意识和团队合作能力。

4.创造性教学法

提供多样化的学习材料和活动,激发幼儿的创造力和想象力。

5.情境教学法

通过情境模拟和角色扮演,帮助幼儿将学习内容与实际生活相结合。

(四)教学评价

1.观察评价

通过观察幼儿在学习活动中的表现、态度和习惯,评价幼儿的学习进展。

2.作品评价

通过观察幼儿的绘画、手工制作等作品,评价幼儿的创造力和艺术表达能力。

3.教学记录

记录幼儿的学习情况、表现和进展,供自身教学参考和反馈给家长。

4.家长评价

与家长保持沟通,了解幼儿在家庭环境中的表现和发展,共同评价幼儿的学习进展。

(五)教学资源

教学中经常使用的教学资源有教材、多媒体设备、玩教具、教学场地等,教师根据不同的教学内容、方法等选择适宜的教学资源为教学服务,提高教育教学质量。

1.教材

根据幼儿园教育要求,选择合适的教材和学习资源。

2.多媒体设备

利用电子屏幕、音响等设备,展示图片、音乐、视频等多媒体内容。

3.学习用具

为幼儿提供适合的各类学习文具、玩具等。

4.活动场地

提供室内外活动场地,保证幼儿的学习和游戏需求与质量。

(六)教学安排

根据不同的教学方法和教学目标,安排适量的游戏、观察、合作活动等,确保幼儿有足够的时间和机会参与学习和游戏。

资料链接

水果主题学习(中班)

一、学习目标

(1)指导幼儿认识各种水果,并能说出它们的名称和特点。

(2)培养幼儿对水果的兴趣,并鼓励幼儿尝试各种水果。

(3)发展幼儿的细小肌肉协调能力,提高运动技能。

(4)培养幼儿的团队合作和社交能力。

二、计划安排

第一周

第一天:教师介绍常见水果的名称,并展示相应的图片。幼儿进行水果拼图游戏,熟悉水果的外观。

第二天:幼儿观察和描述不同水果的颜色、形状和质地。进行水果分类游戏,根据颜色或形状将水果进行分类。

第三天:进行水果品尝活动。幼儿品尝各种水果,并描述它们的味道和口感。

第四天:教师介绍水果的种子。幼儿进行种子观察活动,观察和描述不同水果的种子形态和数量。

第五天:进行水果冰淇淋制作活动。幼儿动手制作水果冰淇淋,并分享自己的制作心得。

第二周

第一天:教师进行水果健康营养讲解。幼儿了解各种水果的营养价值,并制作水果沙拉。

第二天：进行水果拓印活动。幼儿用切开的水果进行拓印，创作自己的水果画作。

第三天：进行水果配对游戏。幼儿通过触摸和闻来识别水果。

第四天：进行水果摆盘活动。幼儿用各种水果进行创意摆盘，发挥想象力。

第五天：举办水果派对。幼儿将自己制作的水果沙拉和摆盘作品带到班级，分享和品尝。

三、评估和反馈

教师观察幼儿在学习活动中的参与度和表现，记录幼儿对水果的了解程度和兴趣。

与家长进行交流，了解幼儿在家中对水果知识的学习和应用情况。

根据观察和反馈结果，对计划进行评估，调整和改进下一阶段的课程计划。

四、注意事项

(1)确保水果的新鲜和卫生，并注意幼儿对水果过敏的情况。

(2)在活动中鼓励幼儿主动参与和发言，提供积极的鼓励和肯定。

(3)创造多样化的学习环境，包括图画、游戏、音乐等，以激发幼儿的学习兴趣和创造力。

(4)通过团队合作和社交活动，培养幼儿的合作意识和友善交往能力。

根据本项目的学习内容，对此方案做出评析。

任务评价

主题	内容	优秀	良好	一般	较差	很差
学习态度	能准时参加本次学习任务，并完成任务	5	4	3	2	1
专业知识	理解幼儿园课程计划制订的基本要求；了解幼儿园课程计划制订的一般步骤；掌握幼儿园不同层次课程计划制订的一般要求	5	4	3	2	1
研讨精神	积极参与讨论，对其他人的发言能提出合理的分析和见解	5	4	3	2	1
团队协作	能很好地融入课堂小组讨论，共同推进学习进程	5	4	3	2	1
沟通交流	能够清晰准确地表达自己的观点，与他人交流时态度语气恰当	5	4	3	2	1
人文素养	能够关注幼儿园课程相关知识，有意识地树立职业精神	5	4	3	2	1

续表

主题	内容	优秀	良好	一般	较差	很差
信息素养	会检索常见的学前教育文献数据库，主动阅读学前教育文献	5	4	3	2	1
实践应用	会制订学期课程计划、月课程计划、周课程计划、一日活动计划	5	4	3	2	1
自我小结						

项目小结

通过本项目的学习，了解幼儿园课程计划制订内容包括教师按课程要求有目的有计划地设计和组织教育活动、幼儿在园一日生活活动安排与组织、幼儿自选活动的组织和指导、幼儿园教育环境的创设与利用、幼儿园家长工作及与社区的联系等内容。理解制订幼儿园课程计划遵循的全面性原则、客观性原则、衔接性原则、灵活性原则、循序渐进原则、个别性原则等基本原则。学会幼儿园课程计划制订的全面分析、明确任务、选定内容、课程时间安排、课程计划编写等步骤。根据幼儿园课程计划制订的要求和步骤，会制订学期课程计划、月课程计划、周课程计划、一日活动计划。

直通赛证

一、真题再现

(1)在幼儿园阶段，不适合幼儿学习的内容是(　　)。

A.听故事　　　　B.洗手如厕

C.和同伴一起玩耍　　　　D.学习 10 以上的加减法

(2)某幼儿园为了给幼儿今后的学习发展奠定基础，在大班上提前学习语文和数学等小学课程内容。该幼儿园的做法(　　)

A.符合幼儿关键期的教育要求

B.彰显了关爱幼儿的教育理念

C.不符合全面发展的教育

D.违背了幼儿的身心发展规律

二、思考与练习

（1）简述制订幼儿园课程计划的一般步骤。

（2）幼儿园教学常用评价方法有哪些？

实践实训

与合作幼儿园设计一个幼儿园课程计划案例。

推荐阅读

唐燕.幼儿园教育活动设计与实施[M].2版.上海：华东师范大学出版社，2022.

项目四

幼儿园教育活动课程设计与实施

学习目标

知识目标

了解领域活动课程、区域活动课程和主题活动课程的设计与实施程序和步骤。

技能目标

(1)能设计领域活动课程、区域活动课程和主题活动课程。

(2)能评析领域活动课程、区域活动课程和主题活动课程的实施。

素质目标

(1)初步树立科学的幼儿园课程观念,在幼儿园教育活动课程设计中体现科学的儿童观、教师观、课程观。

(2)关爱幼儿,热爱学前教育事业,增强严格根据国家相关文件来开展幼儿园教育活动课程设计的意识。

学习重难点

学习重点

(1)设计领域活动课程。

(2)设计区域活动课程。

(3)设计主题活动课程。

学习难点

根据特定的课程目标结合当前幼儿园的实际设计相对合理的幼儿园教育活动课程。

思维导图

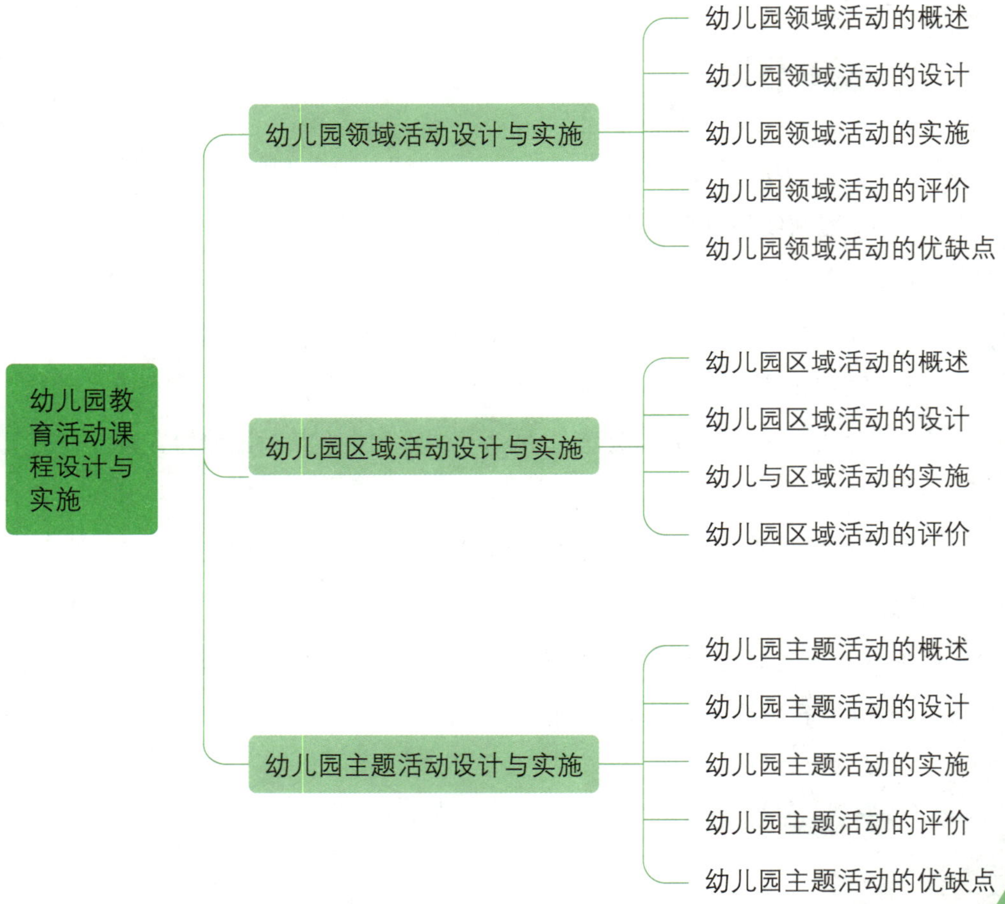

任务一

幼儿园领域活动设计与实施

任务描述

本次任务使学生了解幼儿园领域活动课程设计与实施的程序和步骤，会设计幼儿园领域活动课程。

任务准备

（1）物质准备：教案、课件、《3~6岁儿童学习与发展指南》、纸张、笔。

（2）经验准备：学生到幼儿园见习，了解到目前幼儿园教育活动课程的设计。

工作表单

工作表单

小组合作，并结合到幼儿园实习的经历，请以小组为单位拟订幼儿园领域活动设计。

活动名称	
活动目标	
活动内容	
活动实施	

学习支持

一、幼儿园领域活动的概述

(一)幼儿园领域活动的内涵

幼儿园领域活动指的是在幼儿园以领域为单位组织的教育活动。幼儿园领域活动是针对幼儿园教育中的健康、语言、社会、科学和艺术等领域的学习目标和发展需求,设计和组织的一系列活动。这些活动旨在通过有计划、有组织、有针对性的教学方法和策略,促进幼儿在这些领域的全面发展。

(二)幼儿园领域活动的内容

1.健康领域活动

这些活动旨在培养幼儿良好的生活习惯和促进幼儿的身体健康,涵盖了饮食与营养、个人卫生、运动和安全等方面的内容,通过游戏、运动、健康教育和实践活动等方式进行。

2.语言领域活动

这些活动旨在促进幼儿的语言和沟通能力的发展,包括口语表达、听力理解、书写和阅读等方面的内容,通过故事讲解、语言游戏、文学活动和绘本阅读等方式进行。

3.社会领域活动

这些活动旨在培养幼儿的社交能力和促进情感发展,涵盖了人际关系、合作、情绪管理和社会规范等方面的内容,通过角色扮演、合作游戏、情感教育和社会实践等方式进行。

4.科学领域活动

这些活动旨在激发幼儿的科学兴趣和探究精神,涵盖了观察、实验、探索和问题解决等方面的内容,通过科学实验、自然观察、探究活动和科学探索等方式进行。

5.艺术领域活动

这些活动旨在培养幼儿的艺术表现能力和创造力,涵盖了绘画、手工制作、音乐舞蹈和戏剧表演等方面的内容,通过艺术创作、表演和欣赏等方式进行。

(三)幼儿园领域活动的意义

健康、科学、社会、语言和艺术五大领域发挥着重要的作用,旨在促进幼儿的全面发展。

1.健康领域活动

健康是幼儿全面发展的基础,幼儿园的健康领域活动旨在促进幼儿的身体和精神健康。通过参与体育活动、户外游戏和健康教育,幼儿可以学会锻炼身体、培养良好的饮食习惯和个人卫生习惯。这些活动可以增强幼儿的体质和免疫力,预防疾病的发生,同时也有助于培养幼儿的自理能力和责任心。

2.科学领域活动

科学领域活动可以培养幼儿对周围世界的好奇心和科学探索精神。通过实验、观察和探索,幼儿可以了解并理解自然现象和科学原理。幼儿园科学活动还可以培养幼儿的观察力、实验设计能力和问题解决能力。这些活动可以激发幼儿的创造力和想象力,培养幼儿对科学的兴趣,为日后的学习打下基础。

3.社会领域活动

社会领域活动旨在帮助幼儿建立良好的人际关系、培养社会责任感和合作精神。通过角色扮演、合作游戏和集体活动,幼儿可以学会分享、尊重他人、倾听和表达自己的观点。这些活动可以培养幼儿的社交技能、沟通能力和解决问题的能力,为幼儿将来的社会适应能力奠定基础。

4.语言领域活动

语言是沟通和交流的重要工具,幼儿园的语言领域活动旨在帮助幼儿发展听、说、读、写的语言技能。通过故事时间、绘本阅读、口语表达和语言游戏,幼儿可以提高自身的语言理解和表达能力。这些活动对培养幼儿的语言敏感性、扩大词汇量和提高文字表达能力都起到重要作用。同时,语言领域活动还可以培养幼儿的阅读兴趣,为日后的学习和思维发展打下基础。

5.艺术领域活动

艺术领域活动可以培养幼儿的审美意识、创造力和艺术表达能力。通过音乐、舞蹈、绘画和手工制作等活动,幼儿可以表达自己的情感和想法,培养对艺术的欣赏能力和审美能力。这些活动可以激发幼儿的创造力和想象力，培养幼儿对艺术的热爱和追求，同时也有助于发展幼儿的动手能力和手眼协调能力。

这些活动能够促进幼儿的身体健康、培养科学好奇心、发展社交能力、提高语言技能以及培养艺术兴趣和才能，为幼儿的全面发展提供丰富的机会和平台。同时，这些活动也为幼儿创造了快乐、积极和有意义的学习环境，为幼儿的学习和成长提供良好的基础。

二、幼儿园领域活动的设计

（一）明确领域活动目标

1.领域活动目标的来源

领域活动目标应该符合幼儿的发展需求和学习重点，能够促进幼儿在认知、语言、社交、情感等各个方面的发展。例如，绘画活动，目标可以是培养幼儿的创造力和表达能力；角色扮演游戏，目标可以是培养幼儿与他人合作的能力。通过明确活动目标，教师可以更有针对性地设计活动内容和选择适合的教学方法，确保活动的效果。

在领域活动设计时，教师可以参照《幼儿园教育指导纲要》《3~6岁儿童学习与发展指南》，以及学术论文、著作等文献资料，结合幼儿园的实际和不同班级幼儿的身心发展规律和特点来制订领域活动目标。

2.领域活动目标的要求

（1）符合幼儿的发展阶段：活动目标应该与幼儿的年龄、认知能力和发展特点相匹配。不同年龄段的幼儿具有不同的学习需求和发展重点，因此活动目标需要根据幼儿的实际情况进行设定和调整。

（2）综合考虑各个领域的发展：幼儿的发展是综合性的，涉及认知、语言、社交、情感等多个方面。活动目标应该涵盖这些不同领域的发展需求，促进幼儿的全面发展。

（3）具有挑战性和可实现性：活动目标应该有一定的难度，能够激发幼儿的学习兴趣和动力，但同时也要符合幼儿的能力水平，能够实现。目标过于简单或过于困难都会影响幼儿的学习效果和积极性。

（4）针对个体差异：幼儿的兴趣、能力和家庭背景各不相同。活动目标应该考虑到个体差异，尊重每个幼儿的特点和需求，并提供个性化的学习机会和支持。

(5)与教育标准和课程目标相一致:活动目标应该与教育标准和幼儿园的课程目标相一致,助力幼儿顺利过渡和继续学习。

(6)可测量和评估:活动目标应该具有可测量性。教师可以通过观察和评估幼儿的学习成果来判断目标的实现情况。这有助于教师及时调整活动设计和教学方法,提高教学效果。

关于领域活动目标的结构、层次、取向和表述角度,请参考项目二内容。

(二)选择合适的内容

根据领域活动目标,确定具体的活动内容,确保内容能达成目标。活动内容应该贴近幼儿的实际生活,具有一定的难度和挑战性,同时又要符合他们的能力水平。选择内容可以考虑以下几个方面:

1.年龄适宜性

确保选择的活动内容符合幼儿的年龄段和发展水平。不同年龄段的幼儿有不同的认知和兴趣,因此活动内容应根据幼儿的能力和兴趣来设计。

2.全面发展

选择涵盖五大领域(健康、科学、社会、艺术、语言)的活动内容,以促进幼儿的全面发展。这样可以帮助幼儿在各个方面获得知识和技能,培养幼儿的兴趣和才能。

3.互动性和参与性

活动内容应具有互动性和参与性,鼓励幼儿积极参与和探索。通过游戏、角色扮演、实验等方式,让幼儿参与其中,提高幼儿的学习效果。

4.创造性和想象力

选择能够激发幼儿创造性和想象力的活动内容。例如,艺术和手工制作活动可以让幼儿发挥想象力,而故事书阅读和讲故事可以帮助幼儿构建故事情节和表达自己的想法。

5.兴趣导向

尊重幼儿的个体差异和兴趣,选择幼儿感兴趣的活动内容。这样可以增强幼儿的主动性和积极性,让学习变得更加有趣和有动力。

6.安全和健康

确保选择的活动内容是安全和健康的，符合相关的安全标准和健康要求。注意防止意外伤害，并提供适当的辅导和监督。

（三）设计活动形式

领域活动的实施途径主要有教学活动、生活活动、游戏等。在设计领域教育活动过程中，教师可以设计丰富的活动形式，促进幼儿各个领域的发展。

活动形式是指通过什么方式进行活动。教师根据幼儿的年龄特点和学习需求，选择适合的活动形式。常见的活动形式包括游戏、绘画、手工制作、音乐、舞蹈、戏剧等。多样化的活动形式可以激发幼儿的多种感觉，给幼儿提供多样化的学习机会。下面列举一些活动形式：

1.游戏

游戏是幼儿学习的重要手段之一。通过游戏，幼儿可以模拟真实情境，扮演不同角色，并与其他孩子互动。游戏可以激发幼儿的想象力和创造力，同时培养幼儿的社交技能和解决问题的能力。

2.绘画

绘画是一种表达情感和体现创造力的艺术形式。通过绘画活动，幼儿可以用颜料和画笔来表达自己的想法和感受。这种形式的活动可以培养幼儿的细致观察力、手眼协调能力和艺术感知能力。

3.手工制作

手工制作活动可以锻炼幼儿的动手能力和创造力。通过剪纸、折纸、粘贴等活动，幼儿可以制作出各种有趣的手工作品，培养空间想象力和解决问题的能力。

4.音乐

音乐活动可以让幼儿通过歌唱、鼓掌、跳舞等方式感受音乐的美妙。音乐可以激发幼儿的听觉、节奏感和表达能力，同时提供幼儿表达情感和释放能量的途径。

5.舞蹈

舞蹈活动可以让幼儿通过身体的动作表达自己的情感和想法。幼儿可以通过舞蹈锻炼身体协调性、灵活性和节奏感，并培养对音乐和舞蹈的欣赏能力。

6. 戏剧

戏剧活动可以让幼儿扮演角色、模仿情境，并通过表演来展示自己的创造力和想象力。这种形式的活动可以培养幼儿的语言表达能力、情绪管理能力和合作精神。

（四）组织活动过程

设计好活动形式后，开始组织领域活动过程。包括：

1. 创设情境

教师通过布置环境和道具，创设逼真的情境，增加活动的趣味性和参与度。

2. 引导示范

教师在幼儿开展活动时可以进行示范，引导幼儿参与活动，同时提供必要的帮助和指导。

3. 促进互动

教师鼓励幼儿之间互动和合作，培养幼儿的社交技能和团队意识。

4. 注重反思

活动结束后，教师须进行简短的反思，帮助幼儿总结经验，提高学习效果。

在领域活动组织过程中，还需注意：

（1）安全第一：教师检查活动场地和材料，确保活动环境安全可靠，并提供适当的监督和指导。

（2）多样化和综合性：教师选择多样化的活动形式和内容，涵盖认知、语言、社交、情感和运动等领域，促进幼儿的综合发展。

（3）参与性和互动性：教师鼓励幼儿积极参与和互动，并提供适当的机会让幼儿发表观点、提出问题、与他人合作，尊重幼儿的个体差异和兴趣。

（4）考虑个体差异：教师根据每个幼儿的兴趣、能力和学习风格，提供个性化的支持和指导，尊重幼儿的个体差异和多样性，确保每个幼儿都能从活动中受益。

（5）鼓励探索和发现：教师让幼儿亲自参与、观察、实验和解决问题，为幼儿提供探索和发现的机会，培养幼儿的好奇心和探索精神。

（6）培养积极态度和自信心：教师通过鼓励、赞扬和积极反馈，培养幼儿的积极态度和自信心，让幼儿感受到自己的努力和成就，促进幼儿的自尊和自我肯定。

(7)灵活性和适应性:教师须适应幼儿的学习节奏和个体差异,灵活调整活动进行方式和内容,确保活动顺利进行并有效果。

(五)评估活动效果

评估活动效果是活动设计与实施的重要环节。教师通过观察和记录幼儿的表现,可以了解活动对幼儿的影响和效果,并及时调整和改进活动设计。

三、幼儿园领域活动的实施

(一)幼儿园领域活动实施的基本策略

现从活动准备、活动实施、活动反思三个方面,分别探讨幼儿园领域活动的实施。

1.活动准备

敲定活动目标,选择适宜的活动内容。

2.活动实施

发挥教师的能动作用,尊重幼儿主体性地位,实施过程中实时调整和优化活动。

3.活动反思

(1)反思活动目标:活动目标是如何制订的,目标的制订是否有价值,目标是否适宜幼儿的发展,目标对应的领域是否恰当,目标的达成度如何。

(2)反思活动内容:活动内容是否适宜幼儿的发展,内容是否超载,内容是否与目标一致。

(3)反思活动方法:活动方法是否合理,幼儿的互动是否积极,幼儿是否开心快乐。

(4)反思活动效果:活动是否达到预期的效果,幼儿通过活动是否得到发展等。

(二)幼儿园领域活动实施的注意事项

1.领域活动的设计须满足幼儿的需求

教师在活动设计时,需要考虑整个活动是否是幼儿需要的,只有活动是幼儿需要的,才能更好地激发幼儿参与活动的积极性,使活动顺利进行,取得预期的效果。

2.领域活动的设计须考虑整合性

各领域看似独立，实则相互联系。在设计领域活动时，教师有必要整合各领域的优势，优化组合，发挥更大效用。

3.领域活动的设计须多样化

活动的设计，有必要使引导方式、活动内容、活动材料等尽可能多样化，能较好激发幼儿的热情和提高幼儿的参与度。

四、幼儿园领域活动的评价

幼儿园领域活动是促进幼儿全面发展的重要途径之一。通过各种活动形式，如游戏、绘画、手工制作、音乐、舞蹈等，幼儿有机会在各个领域中学习和成长。评价这些活动的效果对于幼儿教育的质量提升至关重要。关于课程的评价，请参考项目二相关内容。对于幼儿领域活动的评价，下面介绍几个方面作为参考。

（一）目标达成情况

评价幼儿园领域活动的第一个方面是目标达成情况。活动的目标应该与幼儿的发展需求和学习要求相匹配。在评价过程中，教师可以考查幼儿在活动中的参与度、学习成果和表现。例如，在健康领域的活动中，目标可能是培养幼儿的健康习惯，评价可以通过观察幼儿是否掌握相关技能，如洗手、刷牙等，是否能够在日常生活中应用这些技能来进行；在科学领域的活动中，目标可以是培养幼儿的观察和实验能力，评价可以通过观察幼儿在实验中的表现和对科学现象的理解来进行。

（二）参与度和积极性

幼儿园领域活动的评价还应考虑幼儿的参与度和积极性。积极参与活动对幼儿的学习和成长至关重要。评价可以通过观察幼儿在活动中的表现来进行，如是否主动参与、是否积极表达意见、是否愿意分享和合作等。参与度和积极性的评价可以帮助教师识别哪些活动形式对幼儿更具吸引力，以便在今后的活动选择和设计中更好地满足幼儿的需求。

（三）兴趣和享受程度

幼儿园领域活动的评价还应关注幼儿的兴趣和享受程度。幼儿对活动的感兴趣程度直接影响幼儿的参与度和学习效果。评价可以通过观察幼儿在活动中的表情、行为和言语来进行，以了解幼儿对活动的态度和反应。评价结果可以指导教师在今后的活动设计中选择更符合幼儿兴趣的内容和形式，以提高幼儿的参与度和学习动力。

（四）学习成果和能力提升

幼儿园领域活动的评价还应考查幼儿在活动中的学习成果和能力提升。通过参与和实践，幼儿应该获得新的知识、技能和能力。评价可以通过观察幼儿在活动中的表现和通过其他评估工具来进行，以了解他们在活动中的学习成果和能力提升。例如，在绘画活动中，评价可以通过观察幼儿的绘画技巧、创造力和表现力来进行。在音乐活动中，评价可以通过观察幼儿对节奏、音调和歌曲的理解和表演能力来进行。通过评价学习成果和能力提升，教师可以了解每个幼儿在各个领域中的发展情况，并根据评价结果提供个性化的教育和支持。

五、幼儿园领域活动的优缺点

幼儿园领域活动既有自身的优点，也有自身的缺点。

（一）幼儿园领域活动的优点

1.具有较强的计划性

幼儿园领域活动具有较强的计划性，方便教师实施幼儿园课程。

2.具有较强的操作性

在实施领域活动时，要明确目标，预设活动，根据实际情况做出一定的调整，因此，可操作性较强。

3.历史悠久

在我国，自20世纪50年代起，领域活动逐渐在幼儿园教育活动中占主导地位，因具备较强的计划性和操作性，备受幼儿教师的青睐。

4.为幼儿提供学习的机会

领域活动逻辑结构体系较强，学科知识体系也较强，方便幼儿学习到更多的文化知识和技能。

（二）幼儿园领域活动的缺点

1.忽略幼儿的兴趣、爱好、实际经验和需求

领域活动注重的是学科知识体系，然而，幼儿与幼儿之间存在着一定的差异，即兴趣、爱好、生活经验和需求存在差异，如果兼顾不到这些差异，最终活动将很难达到预期效果。

2.弹性不足，灵活性不够强

领域活动具有较强的计划性和控制性，活动在具体实施的过程中，当幼儿的需求与活动存在冲突时，那么活动的计划就会显得不够稳定，容易受到外界因素的干扰，灵活性就不够强了。

同样的，活动要控制在一定范围内，当幼儿的需求与活动存在冲突时，这个一定范围就会受到影响，灵活性仍然不够强。

3.领域之间的联系不足

领域活动仅局限于某一个领域的知识体系，在领域与领域之间的整合、渗透，相互促进幼儿全面发展方面，体现得还不够明显。

资料链接

大班健康活动——保护牙齿

一、活动目标

1.引导幼儿正确了解保护牙齿的重要性。

2.具备初步的自我保护意识，了解基本的保护方法。

3.了解换牙的基本常识，培养幼儿每天坚持刷牙的良好行为习惯。

二、活动准备

1.幼儿准备：让幼儿预先跟家长探讨关于保护牙齿的相关问题。

2.教师准备：教师收集大量关于保护牙齿的图片和视频等，引导幼儿布置保护牙齿的活动区角，提供丰富、安全的可操作材料。

三、活动过程

（一）以谜语的方式引出主题活动

1.教师引出谜语："健康卫士穿白衣，上下两排真整齐，口中饭菜它嚼碎，早晚用刷把澡洗。"

2.引发幼儿的思考:谜底是什么?

(二)师幼共同探讨保护牙齿的方法

1.幼儿相互观察彼此的牙齿。教师引导幼儿相互观察彼此的牙齿,看看小朋友们有没有小黑牙、黄牙、蛀牙。

2.注重口腔卫生。教师引导幼儿知晓早晚刷牙的好处,保持口腔的卫生。

3.注意饮食习惯。教师引导幼儿平时少吃甜食和酸性的食物。

4.良好睡眠习惯。教师引导幼儿养成早睡早起的行为习惯,且睡前不吃任何东西。

(三)开展参与式讨论,做好引导和记录

1.教师根据班级幼儿的实际特点,组织幼儿展开讨论。

2.教师出示相关卡片、图片,播放相关视频,让幼儿仔细观察或观看。

3.教师提供丰富的、安全的可操作材料,如纸杯、一次性毛巾、干净的水、牙刷、牙膏、盆等,让幼儿根据教学视频正确进行刷牙,进而掌握正确的刷牙方式。

(四)教师小结

教师教育幼儿在日常生活中要学会保护好自己的牙齿,掌握保护牙齿的方法,懂得正确的刷牙方式,注重口腔卫生,养成良好的饮食和睡眠习惯。

四、活动延伸

1.引导小朋友到教室活动区展示并分享自己的正确刷牙方式。

2.让小朋友回家后,跟家人分享保护牙齿的相关知识。

【案例评析】

通过此活动,幼儿对保护牙齿有了基本的认识,知晓保护牙齿的一些基本方法,明白在日常生活中要养成早晚刷牙的良好习惯,熟练掌握正确的刷牙方式。在活动开展之前,幼儿对保护牙齿相关知识的认知还是不够的,活动的形式还需要具体些和丰富些,争取与其他领域相结合,激发幼儿对保护牙齿的渴望,并能坚持下去,也许这样效果会更好些。

任务二

幼儿园区域活动设计与实施

任务描述

本次任务使学生了解幼儿园区域课程设计与实施的程序和步骤，会设计幼儿园区域活动课程。

幼儿园区域活动设计案例

任务准备

（1）物质准备：教案、课件、《3~6岁儿童学习与发展指南》、纸张、笔。

（2）经验准备：学生到幼儿园见习，了解目前幼儿园教育活动课程设计情况。

工作表单

工作表单

小组合作，并结合到幼儿园实践的经历，请以小组为单位拟订幼儿园区域活动设计。

活动名称	
活动目标	
活动内容	
活动实施	

学习支持

一、幼儿园区域活动的概述

（一）幼儿园区域活动内涵

王春燕等（2010）认为：区域活动，也称为区角活动、活动区活动等，它以幼儿的需要、兴趣为主要依据，考虑幼儿园教育的目标、正在进行的其他教育活动等因素，划分一些活动区，如积木区、表演区、科学区等，在其中投放合适的活动材料，制定活动规则，让幼儿自由选择，在活动区中通过与活动材料、同伴等的积极互动，获得个性化的学习与发展。王萍等（2017）认为：区域教学活动又称区角活动，指的是教师精心地根据幼儿的年龄、经验、兴趣并且结合一定的教育目标，在教室中划分出一些区域，并且在各个区域中投放适宜的活动材料，允许幼儿自主选择活动的区角，在与其他同伴互动的过程中得到发展。徐晓燕等（2021）认为：幼儿园区角活动是幼儿的一种重要的自主活动形式，它是以快乐和满足为目的，以操作、摆弄为途径的自主性学习活动。刘曲等（2023）认为：区域活动又称为区角活动、活动区活动，是以幼儿的兴趣和需要为主要依据，将活动室划分为若干区域，在区域中投放适宜的材料，让幼儿自主选择区域，并使其在与区域中的材料和同伴互动的过程中学习并获得发展的教育活动。

（二）区域活动的特点

1. 自主性

区域活动的主人是幼儿，幼儿在其中选择自己喜欢的活动，教师关注幼儿在开展活动的过程中获得的乐趣，外在对幼儿干预较少。

2. 自由性

区域活动中，幼儿根据自己的喜好选择活动区、材料及互动的方式方法等，教师不过多干预，但在活动可能存在一定风险或是妨碍其他人活动时，教师及时给予正确的干预。

3. 间接性

区域活动中，教师不直接干预学生进行活动，而是通过区域活动环境的创设、材料的投放、观察等方式，间接影响幼儿开展的区域活动。

4.个性化

区域活动中,教师要关注学生,充分尊重幼儿的个别差异,有针对性地引导幼儿选择自己喜欢的活动,进而促进幼儿个性化的学习和发展。

(三)区域活动的分类

幼儿园区域活动的活动区通常根据活动内容和特点进行分类,以提供多样化的学习体验和发展机会。幼儿活动区域的分类很多,下面介绍一些幼儿园常见的活动区域的类型。

(1)自主活动区:为幼儿提供自主探索和学习的空间,通常包括积木区、拼图区、图书角和角色扮演区。幼儿可以根据自己的兴趣和需求选择不同的自主活动,以培养创造力、解决问题的能力和社交技能。

(2)科学探索区:旨在培养幼儿的观察、探索和实验能力,通常包括沙盘区、观察区、植物培育区和实验区。幼儿可以通过观察和实验来了解自然界的现象和原理,培养好奇心和科学思维。

(3)美术创作区:鼓励幼儿参与绘画、手工制作和艺术表达等创作活动,通常包括绘画区、剪纸区、涂鸦区和雕塑区。幼儿可以通过艺术创作来培养想象力、审美力和表达能力。

(4)大运动区:旨在促进幼儿的身体发展和运动能力,通常包括室内或室外的大型运动场所,如健身房、攀岩墙、跳跃区和球类运动区。幼儿可以在这里参与各种身体活动,锻炼协调性、力量和灵活性。

(5)音乐舞蹈区:提供音乐和舞蹈活动,以培养幼儿的音乐感知和节奏感,通常包括音乐角、舞蹈区和乐器区。幼儿可以参与唱歌、跳舞、演奏乐器等活动,培养音乐表达和艺术欣赏能力。

(6)阅读角落:为幼儿提供安静的阅读环境,鼓励幼儿培养阅读兴趣和习惯,通常包括图书角、阅读区和故事区。幼儿可以自由选择图书,独立阅读或与教师、同伴共享阅读体验。

二、幼儿园区域活动的设计

(一)活动区域的设置

根据幼儿园的实际情况和幼儿身心发展规律、特点等,选择合适的活动区域的类

型和数量开展活动区的设置。一般包括:

(1)确定活动区域的空间和位置:首先需要确定每个活动区域的具体位置和空间要求。根据幼儿园的实际情况,选择合适的区域来设置活动区,确保足够的空间供幼儿进行活动。

(2)设计活动区的布局和装饰:根据每个活动区的功能和主题,设计出相应的布局和装饰,以创造一个有吸引力和适合幼儿发展的环境。考虑到幼儿的安全性和舒适度,选择适当的家具、材料和装饰品。

(3)选择和准备适当的资源和材料:为每个活动区准备相应的资源和材料,以满足幼儿在该区域内的学习和探索需求。例如,在游戏角落中,准备各种游戏玩具和道具;在绘画区,准备绘画纸、颜料和画笔等。

(4)制定活动区的规则和规范:为每个活动区制定适当的规则和规范,以引导幼儿在该区域内的行为和互动。例如,在游戏角落中,规定游戏的参与和合作规则;在阅读角落,制定保持安静和爱护图书的规范。

(二)区域活动的设计

1.区域活动设计的基本原则

(1)安全性原则。在区域活动中,教师会投放大量的材料,须确保材料的安全性。

(2)全面性原则。在设计区域活动时,有必要考虑不同幼儿的需要以及不同的教育活动目标,借助不同区域的功能,开展丰富多彩的区域活动,促进幼儿全面发展。

(3)生活性原则。区域活动的设计需要考虑幼儿的生活实际,即投放的材料及活动的内容要贴近幼儿已有实际经验水平。

(4)活动性原则。要提供多样化的材料,且区域活动设计的内容要能满足幼儿进行实际操作、演练、构建、交际等的需求。

(5)适宜性原则。区域活动的设计,要符合幼儿年龄特点、兴趣、爱好等。

(6)协调性原则。区域活动会随着幼儿的兴趣、需求、年龄特点、环境等发生一定的变化,因此,为了满足幼儿的需求,有必要对区域活动做出一定的调整。

(7)实效性原则。区域活动的设置和开展,需要充分发挥和整合各区域的功能,高效利用区域资源,使得区域活动展现实际效果。

2.区域活动的设计要点

幼儿园区域活动的设计主要体现在活动方案的设计上，大致有以下几个流程。

（1）活动名称。选择幼儿喜欢的活动名称，明确活动名称。

（2）活动设计意图。体现活动的总体设计思路，对活动内容和幼儿实际情况进行分析，明确活动目标，选择适宜的活动内容、恰当的活动方法等。

（3）活动目标。活动目标主要包括认知目标、情感目标和技能目标。

（4）活动准备。活动准备主要包括知识经验、各区域的创设、材料的投放等。

（5）活动过程。教师介绍各区域情况并提出学习要求，引导幼儿进入区域进行活动，适时指导，激励幼儿相互交流和分享。

（6）活动总结。教师及时总结幼儿的学习情况，把好的学习经验进行分享和交流，提出下一次区域活动学习的要求。

3.区域活动材料投放注意事项

（1）多样化的材料。教师需要在每个区域中投放多样化的、数量足够的材料，材料符合幼儿身心发展特点，幼儿能自由选择和操作。

（2）正确标注和摆放材料。针对不同类型、不同数量的材料，标明材料的名称、大小、形状、用途等，规范摆放材料，在保证幼儿选取材料的同时，方便管理和回收。

（3）投放具有安全性的材料。幼儿要与区域材料直接接触，教师在投放材料时，须确保材料的安全，做好材料的清洁、消毒、维护等。

三、幼儿园区域活动的实施

（一）区域活动实施中教师扮演的角色

1.观察者的角色

教师要随时观察幼儿选择区角的目的，选择材料的方式，活动的内容，探索的欲望，活动结束后的归纳与整理等，在这个过程中，如果幼儿需要帮助，或是需要提供材料，教师应当满足幼儿的需求。

2.引导者的角色

教师需要根据不同幼儿的兴趣爱好、生活经验等引导幼儿自主选择自己喜欢的区角开展活动，激发幼儿的探究欲望，培养幼儿良好的行为习惯，促进幼儿健康、快乐发展。

(二)幼儿园区域活动实施的基本步骤

1.活动导引

教师在每个区域活动开始之前,向幼儿介绍可以在这个区域做什么,如何使用相关的资源,以及活动的规则和目标。

2.自由探索与引导

教师鼓励幼儿自由探索和参与各个区域活动,可以在游戏角落玩耍、在艺术角落进行创作、在阅读角落阅读绘本等。教师需要在各个区域中提供引导和支持,回答幼儿的问题,激发幼儿的好奇心和探索欲望。

3.观察和记录

教师须通过观察和记录幼儿在各个区域活动中的参与程度、兴趣点和进展情况,了解幼儿的发展和需要,并为进一步的个别支持提供参考。

4.互动和合作

在一些区域活动中,教师可以鼓励幼儿进行互动和合作。例如,在社交技能培养区域,教师可以引导幼儿参与团队游戏或角色扮演活动,培养幼儿沟通、合作和解决问题的能力。

5.活动结束与评价

活动结束时,老师需要做一定的引导与评价。包括:

(1)活动提醒:在活动即将结束之前,教师可以发出提醒信号,以让幼儿知道活动即将结束。这可以是一个音乐提示、手势或口头提醒,以帮助幼儿逐渐过渡到活动结束的状态。

(2)清理和整理:在活动结束之前,教师和幼儿一起参与清理和整理活动区域。教师可以向幼儿解释为什么需要保持环境整洁,以及如何正确地清理和整理使用过的玩具、材料和设施。

(3)总结和回顾:活动结束时,教师可以与幼儿一起进行总结和回顾,鼓励幼儿分享在活动中的经历、发现和成就。教师可以提出一些问题,以激发幼儿的思考和锻炼幼儿的表达能力,如“你最喜欢的活动是什么”或“你在这个区域学到了什么新的东西”。

(4)收集和保存成果:如果幼儿在活动中创作了一些艺术作品或完成了一些项目,教师可以帮助幼儿收集和保存这些成果,以供日后的展示或回顾使用。

(5)反馈和评估:活动结束后,教师可以询问幼儿对活动的感受和喜爱程度,以及认为可以改进的地方。这样的反馈可以帮助教师更好地调整和改进未来的活动。

四、幼儿区域活动的评价

在区域活动实施结束后,教师需要开展对幼儿园区域活动的评价,确保活动的有效性和满意度。评估可以通过多种方式进行,以全面了解幼儿的参与程度、兴趣、表现和成就感。

(一)关于幼儿本身的评价

(1)评价幼儿的参与程度:教师可以观察幼儿在活动中的参与程度,如是否积极参与、是否专注于活动,以及与其他幼儿的互动交流情况。

(2)评价幼儿的兴趣表现:教师可以观察幼儿在每个区域活动中的兴趣、表现,了解幼儿对特定活动的喜好和投入程度,如幼儿选择的活动、参与活动的时间,以及表情和身体语言等。

(3)评价幼儿的成就感:教师可以观察幼儿在活动中的成就感,包括完成任务的能力、解决问题的能力、自信心的展示等,如观察幼儿的表现、听取幼儿的自述,以及与其他幼儿的互动交流情况。

(二)关于家长和幼儿对区域活动的评价

教师还可以收集家长和幼儿对活动的反馈。他们可以与家长沟通,了解幼儿在家庭中表达出的对活动的看法和感受,同时也可以直接与幼儿交流,听取他们对活动的喜好和建议。这些反馈可以提供有关活动质量和效果的重要信息。

(三)调整和改进

评价就是为了改进。根据活动评估的结果,教师需要及时调整和改进区域活动,更好地满足幼儿的需求和兴趣,提高活动的质量和效果。

(1)重新安排资源:教师可以根据幼儿的喜好和活动评估的结果,重新安排区域活动的资源和材料,可以增加或减少某些资源的数量或者引入新的资源,以满足幼儿的需求和兴趣。

（2）调整活动内容和目标：教师可以根据观察和评估的结果，调整活动的内容和目标，可以增加活动的难度、引入新的挑战，或者根据幼儿的兴趣和需要调整活动的重点和方向。

（3）引入新的活动：教师可以根据评估结果和幼儿的反馈，引入新的活动来丰富区域活动的内容，可以是与幼儿的兴趣、学习目标和发展需求密切相关的，以激发幼儿的好奇心和学习动力。

资料链接

阳阳老师是新入职的幼儿教师，新学期开始了，幼儿园组织教师对教室进行布置，重点是把教室的区域或是区角划分出来，以便学生入园后，按照相关要求引导学生开展区域活动。阳阳老师负责小（1）班教室区域的划分和布置，阳阳老师把教室划分成阅读区、美工区、沙水区、自然游戏区等。区域划分好后，阳阳老师开始区域的布置。小朋友开学走进教室，对阳阳老师的布置感到非常满意。

对阳阳老师的布置，小朋友为什么会感到非常满意呢？学习完本任务，你知道区域活动的主要类型有哪些，每个类型又是如何划分的了吗？

区域活动是一种“舶来品”，由蒙台梭利首次提出，后来在理论与实践方面获得了长足发展，其中比较有代表性的包括蒙台梭利的区域活动思想、高宽课程中的区域活动思想、约翰·托马斯的区域活动思想、玛丽·伊丽莎白·约克的区域活动思想、光谱方案中的区域活动思想等。直到20世纪90年代初，一些留学归国人员把当时在国外非常盛行的区域活动模式介绍到我国，国内开始开展这方面的探究，基于现代儿童观、课程观、教育观的区域活动逐渐得到关注和重视。[1]

①秦元东，王春燕．幼儿园区域活动新证——一种生态学的视角［M］．北京：北京师范大学出版社，2008.

任务三

幼儿园主题活动设计与实施

任务描述

本次任务旨在让学生了解幼儿园主题活动设计与实施的程序和步骤，能够进行幼儿园主题活动设计。

幼儿园主题活动设计案例

任务准备

（1）物质准备：教案、课件、《3~6岁儿童学习与发展指南》、纸张、笔。

（2）经验准备：学生到幼儿园见习，了解目前幼儿园主体活动的设计情况。

工作表单

工作表单

小组合作，并结合到幼儿园实践的经历，请以小组为单位进行幼儿园主题活动设计。

活动名称	
活动目标	
活动内容	
活动实施	

学习支持

一、幼儿园主题活动的概述

（一）幼儿园主题活动的定义

幼儿园主题活动是指在幼儿园教育中，针对特定主题设计和组织的一系列有计划的教育活动。围绕一个具体的主题，以幼儿为中心，提供多样化的学习体验和机会，促进幼儿在认知、社交、情感等方面的全面发展。

主题活动是幼儿园教育中一种重要的教学方式，通过创设情境，引发幼儿的学习兴趣和积极性，培养幼儿主动探索和解决问题的能力。主题活动与传统的课程教学相比，更加注重情感体验、综合应用和社交互动，具有很强的针对性和趣味性。

在幼儿园主题活动中，主题是活动的核心和纽带，通过一个具体的主题，如动物、自然、家庭等，将相关的知识、技能和体验进行整合和延伸。主题活动强调幼儿的主体地位，以幼儿的需求和兴趣为导向，通过自主探索、实践操作和合作互动等方式，促进幼儿的全面发展。

主题活动的设计与实施需要教师根据幼儿的年龄、发展特点和学习需求，合理选择主题，并确定活动目标和内容。在设计活动内容时，教师需要考虑多元化的教育资源和材料，提供多样性的学习体验。在实施活动时，教师应积极引导和支持幼儿，创造良好的学习氛围和环境，鼓励幼儿表达和分享自己的观点和想法。

（二）幼儿园主题活动的特点

幼儿园主题活动是一种有组织的学习和游戏活动，以特定的主题为导向，旨在促进幼儿的全面发展。

1. 幼儿园主题活动注重综合性

幼儿园主题活动涵盖各个领域的学习内容，包括语言、数学、科学、艺术、运动等，这样的综合性设计有助于激发幼儿的兴趣和好奇心，培养幼儿的多元智能和综合能力。

2. 主题活动强调情境化

为了让幼儿更好地理解和吸收知识，教师应创设与主题相关的情境，将学习内容与实际生活情境相联系。情境化的设计,可以让幼儿亲身体验和实践,加深对知识的理解和记忆。

3.主题活动注重参与性和合作性

幼儿园主题活动鼓励幼儿积极参与其中,通过互动、合作和交流来学习。这样的设计有助于培养幼儿的社交技能、团队合作精神和沟通能力,同时也提升了幼儿的情感认知和自主学习能力。

4.主题活动强调个性化

每个幼儿都是独特的个体,有着自己的兴趣、特长和学习风格。主题活动通过多样化的活动内容和参与方式,满足幼儿个体发展的需求,激发幼儿的创造力和想象力。

5.主题活动注重体验与感知

幼儿园主题活动通过实践、探索和感知,给幼儿提供丰富的感官刺激和观察机会。幼儿可以通过亲身体验和参与,感知世界,提升观察力、想象力和思维能力。

6.主题活动注重情感和价值观的培养

在主题活动中,幼儿可以通过角色扮演、故事讲解和情感体验等方式,学习和体验社会规范、道德价值观和情感表达。这样的设计有助于培养幼儿的道德意识、情绪管理能力和核心素养。

(三)幼儿园主题活动的原则

在开展幼儿园主题活动的过程中,需要遵循一定的原则,才能更好地开展幼儿园主题活动。

1.发展适宜性原则

幼儿园主题活动的首要原则是要适应幼儿的年龄和发展水平。幼儿的认知、语言、社交和动手能力各不相同,因此活动的内容和形式应根据幼儿的特点来设计,确保活动能够激发幼儿的兴趣,并促进幼儿的全面发展。

2.整合性原则

整合性原则是指将不同领域的活动形式融合在一起,以培养幼儿的多元智能和潜能。通过音乐、美术、运动、科学等多种活动形式,幼儿可以在不同领域中得到全面的发展。

3.探索性和互动性原则

主题活动应鼓励幼儿进行主动探索和互动。例如,在一个“探索自然”的主题活动中,可以组织户外野餐、参观动物园等,让幼儿亲身感受大自然的美妙。

4.关注兴趣和需求原则

幼儿园主题活动应该关注幼儿的兴趣和需求,了解幼儿的喜好和特长,根据幼儿的兴趣点来设计活动内容。这样可以增加幼儿对活动的积极性和参与度,提高幼儿的学习热情。关注幼儿的兴趣和需求是非常重要的原则,可以在幼儿园主题活动中起到积极的作用。

5.家园合作原则

主题活动应该积极鼓励家长参与。家长是幼儿的第一任教师,他们对幼儿的兴趣、爱好和特点有深入了解,通过与家长的合作,可以更好地了解幼儿的需求,并提供更贴近幼儿实际情况的主题活动。此外,与家长合作还可以促进家园共育,形成教育共识,共同关注幼儿的成长。家长在幼儿的教育中扮演着重要的角色,他们对幼儿的了解和关注是无可替代的。

6.安全性原则

主题活动的设计应该注重安全和卫生。例如,在室内活动中,要注意电线、尖锐物品等潜在的安全隐患;在室外活动中,要注意天气变化、交通安全等因素。确保活动场所的安全性和卫生是保护幼儿健康和安全的重要措施。

7.实时评估和调整原则

主题活动结束后,进行活动效果的评估和总结。教师通过观察幼儿在活动中的表现、听取家长的反馈等,评估活动的效果和影响,并根据评估结果调整和改进活动设计,以提高活动的质量和效果。评估和调整是确保活动质量和效果的关键。

二、幼儿园主题活动的设计

(一)确定主题

1.幼儿园主题活动主题的来源

幼儿园活动主题的来源是多方面的,根据《幼儿园教育指导纲要(试行)》《幼儿园工作规程》《3~6岁儿童学习与发展指南》等要求，结合幼儿园实际，幼儿园主题活动主题的来源一般有以下几个方面。

（1）幼儿的兴趣和需求。观察幼儿的兴趣和需求是确定主题活动的一个重要来源。通过观察幼儿在日常活动中展现出的兴趣和喜好，教师可以更好地满足幼儿的学习需求，激发幼儿的学习兴趣。

（2）季节和节日。根据当前的季节和即将到来的节日选择相关主题是一种很好的方法，可以帮助幼儿更好地了解和体验季节和节日的特点。

（3）学科和教育目标。根据幼儿园的学科和教育目标选择相关主题是非常重要的，可以帮助幼儿更好地学习和掌握相关知识和技能。

（4）社会热点和时事。了解社会热点和时事，并选择与之相关的主题活动，对幼儿的成长和发展具有积极的影响。这样的活动可以帮助幼儿了解身边的社会环境，培养幼儿对社会的关注和思考能力。

2. 幼儿园主题活动主题的选择

（1）季节主题。选择与当前季节相关的主题是一种很好的方式，可以让幼儿更好地了解季节的变化，并培养幼儿的观察和描述能力。

（2）动植物主题。选择与动植物相关的主题可以帮助幼儿认识不同种类的动植物，培养幼儿的环保意识和爱护自然的情感。

（3）社交主题。选择与社交技能相关的主题可以帮助幼儿学会与他人合作、分享和解决问题，培养幼儿的社交能力。

（4）科学主题。选择与科学知识相关的主题可以激发幼儿的好奇心，培养幼儿的科学思维和实验技能，让幼儿通过观察、实验来探索科学世界。

（5）文化主题。选择与不同文化相关的主题可以帮助幼儿了解不同文化的特点和传统，培养幼儿的尊重、包容和跨文化交流能力。

（6）艺术主题。选择与艺术表达相关的主题可以培养幼儿的创造力、想象力和审美能力。

（7）健康主题。选择与健康生活方式相关的主题可以帮助幼儿养成良好的生活习惯和健康意识，促进幼儿的身心健康。

3. 幼儿主题活动主题的确定

幼儿主题活动主题的确定可以考虑如下因素。

(1)了解幼儿的年龄和发展水平。不同年龄段的幼儿具有不同的认知和动手能力。例如,幼儿园大班的孩子可能已经具备一定的自理能力和社交技能,可以进行更复杂的主题活动。

(2)观察幼儿的兴趣爱好。例如,幼儿是否对艺术、科学或运动等特定领域表现出浓厚的兴趣。

(3)考虑教育目标。活动主题应该与教育目标相一致,有助于幼儿的全面发展。

(4)参考季节和节日。选择与当前的季节和即将到来的节日相关的主题可以帮助幼儿更好地理解和体验季节变化和传统文化。

(5)多样化主题选择。确保主题的多样性,涵盖不同领域和兴趣,满足不同幼儿的需求,提供多元化的学习机会。

4. 幼儿活动主题的表述

确定好主题后,须给主题取一个名字,一个好的主题名字更能激发幼儿的兴趣。在描述主题名字的时候,需要注意:

(1)简洁明了。避免使用复杂的词汇或长句子,尽量使用幼儿熟悉的词汇和短语,简洁明了,以便幼儿理解和记住。

(2)形象生动。通过生动的描写和形象的比喻,将主题具象化,激发幼儿的想象力,提高幼儿对主题的认知水平。

(3)趣味性。在活动主题中融入趣味元素,如游戏、谜语、音乐等,吸引幼儿的兴趣和注意力,使幼儿对活动充满兴趣和期待。

(4)创新性。结合幼儿的日常生活经验、兴趣爱好和社会背景,运用创新的思维和方法,创造具有个性化和独特性的活动主题名称。

常见的一些主题名称的表述案例:

①科学大冒险家:探索身体、自然和社会的奥秘;

②艺术创意小天使:展现健康、语言、艺术、社会和科学的魅力;

③神奇小厨师:健康饮食、语言沟通、艺术装饰和社会分享;

④探索自然乐园:语言互动、艺术创作、社会合作和科学探索的奇妙旅程;

⑤小小环保使者:健康生活、语言表达、艺术表现、社会责任和科学意识。

(二)制订活动目标

幼儿园主题活动目标是指在设计和实施幼儿园活动时,设定的期望结果或预期成就,旨在指导活动的实施,并帮助幼儿达到特定的学习和发展目标。

主题活动目标的内容需要涵盖且整合五大领域的目标,根据《3~6岁儿童学习与发展指南》的子领域和子目标来选择内容,具体如下。

1.健康领域的目标

(1)身心状况,示例:

目标1　具有健康的体态;

目标2　情绪安定愉快;

目标3　具有一定的适应能力。

(2)动作发展,示例:

目标1　具有一定的平衡能力,动作协调、灵敏;

目标2　具有一定的力量和耐力;

目标3　手的动作灵活协调。

(3)生活习惯与生活能力,示例:

目标1　具有良好的生活与卫生习惯;

目标2　具有基本的生活自理能力;

目标3　具备基本的安全知识和自我保护能力。

2.语言的目标

(1)倾听与表达,示例:

目标1　认真听并能听懂常用语言;

目标2　愿意讲话并能清楚地表达;

目标3　具有文明的语言习惯。

(2)阅读与书写准备,示例:

目标1　喜欢听故事,看图书;

目标2　具有初步的阅读理解能力;

目标3　具有书面表达的愿望和初步技能。

3.社会领域的目标

(1)人际交往,示例:

目标1 愿意与人交往;

目标2 能与同伴友好相处;

目标3 具有自尊、自信、自主的表现;

目标4 关心尊重他人。

(2)社会适应,示例:

目标1 喜欢并适应群体生活;

目标2 遵守基本的行为规范;

目标3 具有初步的归属感。

4.科学领域的目标

(1)科学探究,示例:

目标1 亲近自然,喜欢探究;

目标2 具有初步的探究能力;

目标3 在探究中认识周围事物和现象。

(2)数学认知,示例:

目标1 初步感知生活中数学的有用和有趣;

目标2 感知和理解数、量及数量关系;

目标3 感知形状与空间关系。

5.艺术领域的目标

(1)感受与欣赏,示例:

目标1 喜欢自然界与生活中美的事物;

目标2 喜欢欣赏多种多样的艺术形式和作品。

(2)表现与创造,示例:

目标1 喜欢进行艺术活动并大胆表现;

目标2 具有初步的艺术表现与创造能力。

资料链接

主题活动名称:探索秋天

主题活动目标:

(1)扩展幼儿关于秋天的词汇,能够准确表达与秋天相关的事物和概念;

(2)提升幼儿的口语表达能力,使幼儿能够用简单语句描述秋天的特点和变化;

(3)注意与秋天相关的健康习惯,如穿衣搭配、保暖和预防感冒等;

(4)强调食物的季节性和多样性,了解秋季蔬果的益处,并鼓励幼儿选择健康的秋季食物;

(5)观察和探索秋季自然环境的变化,如叶子的变色、天气转凉等;

(6)了解秋天的季节特点,如日照时间的变化、动物的迁徙等,培养幼儿对季节变化的观察和理解能力;

(7)分享和合作,在秋天的主题活动中鼓励幼儿互相帮助和合作;

(8)关注秋天的社区活动,如慈善捐赠、季节性庆祝活动等,培养幼儿的社会责任感和参与意识;

(9)提供丰富的秋季艺术体验,如画秋天的风景、制作秋季手工艺品等,培养幼儿的艺术创造力和审美能力;

(10)鼓励幼儿通过音乐和舞蹈等艺术形式表达秋天的美好,培养幼儿的表演和表达能力。

(三)设计主题活动内容

根据活动主题和目标,从幼儿的身心发展规律和特点出发,结合幼儿园的实际设计合适的主题活动内容,可以考虑下几个方面:

1.幼儿的兴趣和需求

通过与幼儿互动、观察和与家长交流等方式,了解幼儿的兴趣和需求,选择能够吸引幼儿注意力和激励幼儿参与活动的内容。

2.多样化的活动形式

设计多样化的活动形式,包括游戏、手工制作、音乐、舞蹈、戏剧等,以满足幼儿不同的学习方式和发展需求。

3.活动的难度和复杂度

根据幼儿的年龄和能力,调整活动内容的难度和复杂度,确保幼儿能够理解和参与活动,同时有一定的挑战性和发展空间。

4.创造性和探索性的活动

鼓励幼儿参与具有创造性和探索性的活动,如提供材料让幼儿自由组合、设计和构建,培养幼儿的想象力、创造力和问题解决能力。

5.联系实际生活

通过模拟日常生活情境,如穿衣搭配、做饭等,将活动与幼儿的实际生活联系起来,使幼儿能够将所学应用到实际情境中。

6.合作与社交

设计鼓励合作与社交的活动,如组织小组游戏、合作制作手工作品或角色扮演等,让幼儿能够与他人合作、分享和交流。

7.周期性和持续性

将活动设计为具有周期性和持续性的,以便幼儿能够在一段时间内持续参与,并逐步发展和巩固所学的知识和技能。

8.安全和环保

确保活动内容符合安全和环保的原则,选择适宜的材料和设备,并提供相关的安全指导。

(四)确定活动形式

确定活动形式是为了满足幼儿的不同需求,并提供多样化的环境和场所,以促进幼儿进行探索和互动。如小组活动、团体活动或者个人活动等形式。

1.组织小组活动

(1)拼图比赛:将幼儿分成小组,给每个小组一组拼图,比赛哪个小组能最快完成。

(2)团队合作游戏:组织小组进行合作游戏,如传球比赛、搭桥比赛等,培养幼儿的团队意识和合作能力。

2. 团体活动

（1）舞蹈表演：组织幼儿进行团体舞蹈表演，通过合作和协调展示舞蹈技巧和表演能力。

（2）美术展览：组织幼儿参与主题美术作品的创作，并举办美术展览，展示幼儿的作品，并互相欣赏。

3. 个人活动

（1）自由游戏时间：为幼儿提供自由游戏时间，让幼儿根据自己的兴趣和需求选择参与不同的游戏和活动。

（2）个人创作：鼓励幼儿进行个人创作，如绘画、手工制作等，培养幼儿的创造力和表达能力。

4. 探索和互动的环境与场所

（1）探索角落：设置专门的探索角落，提供各种材料和工具，让幼儿自由探索和实验。

（2）游戏区域：划分不同的游戏区域，如角色扮演区、积木区、绘画区等，让幼儿按照自己的兴趣选择参与。

5. 走出教室的活动

（1）室外探索：组织幼儿到室外进行自然探索活动，如观察植物、捡落叶等。

（2）实地参观：带领幼儿参观与主题相关的地方，如果园、公园、博物馆等。

通过组织小组活动、团体活动或个人活动，可以满足幼儿的不同需求，促进幼儿合作、创造和表达能力的发展。同时，创造多样化的环境和场所，提供探索和互动的机会，可以激发幼儿的好奇心和探索欲望，促进幼儿的综合发展。

（五）搜集和分配资源

搜集和分配资源是设计幼儿园主题活动的重要一步，确保活动所需的材料和设备充分、够用，步骤如下。

1. 确定活动所需资源

根据活动的主题和目标，确定所需的材料和设备，并根据活动的性质和形式列出清单或需求表。

2.搜集资源

寻找适合的资源，在幼儿园内部的资源库、教具室、图书馆，以及幼儿园外部的市场等，搜集所需的书籍、图片、工具、材料等。

3.整理和分类资源

将搜集到的资源使用标签、盒子、文件夹等进行分类和整理，以便后续使用和管理，确保资源的易用性和可持续利用。

4.分配资源

根据活动的需要和参与人数，制定资源使用规则，如借用时间、使用顺序等，合理分配资源，确保每个幼儿都能够参与活动并获得所需的材料和设备。

5.资源管理和维护

建立资源管理和维护的机制，定期检查资源的完整性和可用性，补充不足的资源，修复或替换损坏的设备和材料。

6.利用和分享资源

在活动中充分利用所搜集和分配的资源，确保资源的最大化利用和价值发挥，并且促进资源的共享和互动。

7.预算和采购

在搜集和分配资源的同时，根据活动的需求和资源的可用性，制订合理的预算，并选择适当的采购渠道和方式，确保资源的经济适用和高效购买。

搜集和分配资源是幼儿园主题活动设计中不可忽视的一环。合理地利用和管理资源，能够为活动提供必要的支持和保障，促进幼儿的学习和发展。

（六）设计主题网络图

设计主题网络图是为了将主题活动中的各个元素和概念整理和组织起来，形成一个清晰的结构图。以下是设计主题网络图的步骤。

1.确定核心主题

选择一个适合的核心主题，可以是季节、节日、科学、社会等方面的主题。

2. 确定核心概念

根据主题，确定主题活动的核心概念或关键词。例如，如果主题是夏天，核心概念可以是太阳、海滩、游泳等。

3. 列出相关概念

根据核心概念，列出与之相关的其他概念。例如，与夏天相关的概念可以包括冰淇淋、夏令营、沙滩排球等。

4. 连接概念

使用线条或箭头连接相关的概念，形成一个网络图。这些连接可以表示概念之间的关系，如相似性、因果关系、依赖关系等。

5. 添加活动元素

在网络图中添加具体的活动元素，如游戏、手工制作、观察等，与相关的概念进行连接。这些活动元素可以是实际的活动内容，也可以是幼儿参与和体验的方式。

6. 细化和扩展

根据网络图的需要，细化和扩展相关的概念和活动元素，可以添加细节描述、具体步骤、时间安排等，以使网络图更加完整和详细。

7. 审查和调整

审查网络图，确保概念和活动元素之间的逻辑和连贯性，并根据需要进行调整，以使网络图更加清晰和有效。

设计主题网络图有助于将主题活动的各个要素整合和组织起来，帮助教师更好地理清思路、明确目标，并为幼儿提供一个全面而系统的学习框架。它为幼儿园主题活动的设计和实施提供了可视化的工具和参考。

（七）活动编排

活动编排是确保主题活动能够有条不紊地进行，并达到预期目标的重要环节，步骤如下。

1. 确定活动顺序

根据主题和活动内容，并考虑到幼儿的注意力和体力，合理安排活动的进行顺序，避免连续性和重复性的活动。

2.设计活动目标

为每个活动设定明确的目标，确保活动的目的和意义清晰明确。目标可以包括知识、技能和态度方面的内容，同时根据幼儿的年龄和能力确定合适的目标。

3.制订活动方案(教案)

根据每个活动的目标，制订相应的教案。教案应包括活动的名称、目标、适用年龄、时间安排、材料准备、活动过程、评估和延伸活动等内容。

教师根据主题活动的课程设置，进行每一个活动的教案设计，即可开始实施主题活动课程。

三、幼儿园主题活动的实施

(一)实施步骤

根据幼儿身心发展规律和特点，结合幼儿园实际，教师在实施幼儿园主题活动过程中选择合适的取向开展课程。具体步骤如下。

1.活动前准备

活动前准备是主题活动实施的重要一环，它确保活动能够顺利进行，并为幼儿提供良好的学习环境和体验机会。步骤如下：

(1)制订活动计划；

(2)确定活动场所；

(3)搜集所需资源；

(4)准备活动材料和设备；

(5)组织人力资源；

(6)安排活动时间；

(7)建立沟通与合作机制；

(8)预防控制措施；

(9)通知和宣传。

2.活动的组织与引导

在活动的组织和引导过程中，须注意以下几个方面：

(1)清晰地介绍活动的目标和规则；

(2)激发幼儿的兴趣和参与度;

(3)引导幼儿积极参与;

(4)提供必要的支持和指导;

(5)赞扬和鼓励。

3.活动的评估与反思

(1)观察和记录幼儿在活动中的表现和成长;

(2)面对面或书面交流,与幼儿共同回顾活动的经验和收获;

(3)分析和评估活动的效果和质量;

(4)总结活动的成功和不足之处;

(5)制订改进措施和计划;

(6)反思个人的教学实践。

四、幼儿园主题活动的评价

幼儿园主题活动采用了寓教于乐的教学模式,旨在通过有趣的主题和活动,激发幼儿的学习兴趣和动力,促进其综合素养的全面发展。对幼儿园主题活动进行评价是重要的,通过评价才能发现不足,以便改进,为下一次活动的开展提供现实依据。关于幼儿园主题活动的评价,可以从以下方面开展。

(一)活动的设计和策划

幼儿园主题活动的设计和策划是活动成功的关键。好的设计能够激发幼儿的学习兴趣,培养幼儿的创造力和动手能力。然而,在评价幼儿园主题活动时,需要综合考虑以下几个方面:

(1)主题选择是否合理;

(2)活动内容是否富有创意;

(3)活动形式是否多样化;

(4)活动时间和安排是否合理。

(二)活动的组织和实施

幼儿园主题活动的组织和实施是活动顺利进行的重要保障。在评价幼儿园主题活动时,需要综合考虑以下几个方面:

(1)活动的组织能力;

(2)活动的引导和指导;

(3)活动的安全和卫生;

(4)活动的反馈和评价。

(三)活动的效果评价

幼儿园主题活动的效果评价是对活动成果和效果进行综合评估的过程。在评价幼儿园主题活动的效果时,应综合考虑以下几个方面:

(1)学习成果和能力提升;

(2)兴趣和动力的激发;

(3)综合素养的发展;

(4)家长和社会的认可。

五、幼儿园主题活动的优缺点

幼儿园主题活动的优点在于能够激发幼儿的学习兴趣、培养他们的探索和发现能力、促进其综合素质的发展以及社交互动能力提升。然而,主题活动也存在一些缺点,如活动准备工作烦琐、成本较高、需要教师的指导和引导,以及时间安排不合理等。为了更好地发挥幼儿园主题活动的优势,应该合理安排活动的时间和内容,提供足够的支持和资源,同时加强教师的指导和引导能力。

目前幼儿园的教育活动主要有幼儿园领域教育活动、幼儿园区域教育活动和幼儿园主题教育活动。这三种活动在幼儿园教学中是相互关联的,它们共同构成了幼儿园教学的综合教育模式。

幼儿园领域教育活动是基于幼儿的发展特点和学习需求,将学科知识和技能按照学科领域进行划分和组织的教学活动。幼儿园学科领域通常包括语言、健康、科学、社会和艺术。领域教学活动侧重于针对不同学科领域的目标,帮助幼儿掌握相应的学科知识和技能。例如,在语言领域教学活动中,教师会组织幼儿进行听、说、读、写的综合训练,以促进幼儿的语言发展。

幼儿园区域教育活动是在幼儿活动室中设置不同的学习区域,每个区域都有特定的学习资源和材料,供幼儿自主选择和探索。区域教育活动鼓励幼儿主动参与,通过自主操作和探索,培养他们的观察力、动手能力和解决问题的能力。区域教育活动可以涵盖各个学科领域的内容,如阅读角、数学角、科学角、艺术角等。幼儿通过在不同的区域进行学习,可以全面发展自己各个方面的能力。

幼儿园主题教育活动是以某一主题为线索,将各个学科领域的知识和技能有机地融入主题中进行教学的活动。幼儿园主题教育活动注重幼儿的学习兴趣和参与度,通过有趣的主题和活动,激发幼儿的学习兴趣和动力。幼儿园主题教育活动通常涵盖多个学科领域的内容,如以动物为主题,涉及语言、科学、艺术等多个学科领域的内容。幼儿通过参与主题活动,可以综合运用各个学科领域的知识和技能,提高学习效果和综合素养。

在实际教育中,幼儿园通常会综合运用领域教育活动、区域教育活动和主题教育活动。领域教育活动提供了学科知识和技能的基础,区域教育活动鼓励幼儿自主学习和探索,主题教育活动则促进幼儿对学习内容的深入理解和综合应用。这三种教学活动相互补充、相互促进,共同构建起幼儿园综合教育的完整模式,为幼儿的全面发展提供支持和保障。

因此,幼儿园领域教育活动、幼儿园区域教育活动和幼儿园主题教育活动是相互关联的,它们共同构成了幼儿园教育内容的丰富性和多样性,有助于促进幼儿的全面发展。

资料链接

一、活动主题:探索自然奇妙之旅

二、活动目标:

(1)培养幼儿的观察力和探索精神;

(2)认识和了解自然界的奇妙和多样性;

(3)培养幼儿的环保意识和责任感;

(4)培养幼儿的合作和团队意识。

三、活动内容:

1.观察和探索树木的奇妙世界

教师带领幼儿走进校园附近的小树林,在户外环境中观察不同种类的树木。教师引导幼儿观察树木的形状、颜色和特点,并鼓励幼儿用语言或绘画记录下他们观察到的树木。

2.探索森林的生物多样性

教师引导幼儿在森林中观察和探索各种小动物和昆虫。教师可以准备放大镜和昆虫捕捉器等工具，让幼儿近距离观察和了解这些生物的特点和习性。同时，教师还可以组织小组活动，让幼儿合作制作一个森林生物的展示板。

3.保护森林，保护地球

教师通过故事、绘本和视频等，向幼儿传达森林的重要性和生物多样性的保护意义。教师可以组织小组讨论，让幼儿思考和分享如何保护森林和环境。同时，教师引导幼儿进行环保行动，如制作宣传海报、参与垃圾分类等。

4.团队合作的森林探险

教师组织幼儿进行一个虚拟的森林探险活动。教师将教室布置成一个森林的场景，设立不同的任务点。幼儿分成小组，通过完成任务点上的活动，如找到指定的树木、解决环境问题等，来完成整个森林探险任务。这样的活动可以培养幼儿的合作和团队意识。

通过以上的活动设计和实施，幼儿将能够在观察和探索中培养自己的观察力、探索精神，认识和了解自然界的奇妙和多样性。同时，他们也将在保护森林、保护地球的活动中培养环保意识和责任感，并通过森林探险活动加强合作和团队意识。这样的活动将给幼儿带来一次有趣且富有意义的自然探索之旅。

任务评价

主题	内容	优秀	良好	一般	较差	很差
学习态度	能准时参加本次所有任务的学习，按时提交各项任务	5	4	3	2	1
专业知识	了解领域活动课程、区域活动课程和主题活动课程设计与实施的程序和步骤	5	4	3	2	1
研讨精神	积极参与讨论，分享自己的见解	5	4	3	2	1
团队协作	能很好地融入课堂小组讨论，共同推进学习进程	5	4	3	2	1
沟通交流	能够清晰准确地表达自己的观点，与他人交流时态度语气恰当	5	4	3	2	1
人文素养	能够搜集幼儿园课程的相关知识，有意识地树立职业精神	5	4	3	2	1
信息素养	会检索常见的学前教育专业文献数据库，主动阅读幼儿园课程相关文献，在课堂上参与小组讨论并发表自己的看法	5	4	3	2	1

续表

主题	内容	优秀	良好	一般	较差	很差
实践应用	能设计领域活动课程、区域活动课程和主题活动课程;能评析领域活动课程、区域活动课程和主题活动课程的实施	5	4	3	2	1
自我小结						

项目小结

通过对本项目的学习,让我们清晰地了解幼儿园领域活动、区域活动和主题活动的具体内涵,进一步梳理领域活动、区域活动和主题活动的特征,根据内涵和特征,依托幼儿身心发展特点及需求,合理设计领域活动、区域活动和主题活动,并懂得分析这些活动的本质所在。最后,能对领域活动、区域活动和主题活动做出客观的评价,既看到它们的优点,又正视它们的不足,进而通过合理的领域活动、区域活动和主题活动的开展,更好地促进幼儿德智体美劳全面和谐地发展。

直通赛证

一、真题再现

(活动设计题)为了帮助小班新入园幼儿尽快适应集体生活,余老师准备开展“高高兴兴上幼儿园”系列主题活动。请围绕该主题为余老师设计三个子活动。

要求:

(1)写出主题活动的总目标;

(2)写出其中一个子活动的具体活动方案,包括活动名称、目标、准备和主要环节;

(3)写出另外两个子活动的名称、目标。

二、思考与练习

(1)选择主题时,如何确保与幼儿的兴趣和发展需求相吻合?

(2)在活动设计中,如何结合幼儿的年龄特点和认知水平,确保活动的适宜性?

(3)如何创造一个积极、互动和参与的氛围,让幼儿主动参与活动?

(4)在活动中如何平衡自由发挥和引导的关系，让幼儿在探索中学习、成长？

(5)如何通过活动促进幼儿的跨学科学习，如语言发展、认知能力和社交技能等？

实践实训

阅读幼儿园课程主题活动的案例，对幼儿园主题活动课程的目标、内容、实施、评价等方面做出评析。

幼儿园大班“春天”主题活动方案

主题：春之韵

目标：

(1)了解春天的特点和变化。

(2)观察和体验春天自然界动植物的生长发育。

(3)培养幼儿爱护自然、保护环境的意识。

(4)激发幼儿的探索兴趣和创造力。

开展时间：一个月(3月1日—3月31日)

活动安排：

第一周：春天的信号

活动1.春天故事会。讲述春天的故事，如《一棵开花的树》等，让幼儿感受春天的气息。

活动2.春天图画。幼儿绘制他们想象中的春天景象，包括开花的树木、飞舞的蝴蝶等。

户外活动：春天征兆寻找游戏。在户外寻找春天的迹象，如嫩芽、开花的植物等，并拍照记录。

第二周：春天的生命

活动1.种植体验。每个幼儿种植一种植物，如豆芽、小麦等，观察植物的生长过程。

活动2.春天的动物。通过图片、视频了解春天活跃的动物，讨论它们在春天的生活。

户外活动：春天小探险。组织幼儿到公园或自然环境中探索春天的动植物，进行自然观察。

第三周:春天的色彩

活动1.春天色彩采集。幼儿在户外收集不同颜色的自然物,如花瓣、叶子等,制作春天色彩板。

活动2.彩色气球派对。使用各种颜色的气球,让幼儿体验春天的多彩和活力。

艺术活动:春天拼贴画。幼儿使用收集的自然物和彩纸等材料,创作春天主题的拼贴画。

第四周:春天的节日

活动1:了解春天的节日。讲述清明节、植树节等春天的节日及其意义。

活动2:春天手工。制作与春天相关的手工艺品,如风筝、花环等。

户外活动:春游。组织一次春游活动,让幼儿在自然中体验春天的美,进行户外绘画或摄影。

评价方式:

观察记录:记录幼儿在活动中的表现和进步。

作品展示:通过幼儿的绘画、手工、拼贴画等作品展示他们对春天的理解和感受。

反馈讨论:活动结束后,与幼儿进行讨论,了解他们对春天有哪些新的认识和感受。

保障措施:确保活动材料安全、环保。户外活动时注意幼儿的安全和健康,做好防晒和防寒措施。

家长参与:邀请家长参与部分活动,加强家园联系,共同关注幼儿的成长。

通过这个月的春天主题活动,幼儿不仅能够感受到春天的美好,还能在观察、探索中学习到自然界的奥秘,同时培养幼儿的环保意识和创造力。

推荐阅读

[1]朱家雄.幼儿园教育活动设计与实施[M].2版.北京:高等教育出版社,2015.

[2]邓霁岚.幼儿园教育活动设计与实施[M].武汉:武汉大学出版社,2018.

项目五

我国经典幼儿园课程

学习目标

知识目标

（1）了解我国经典幼儿园课程方案的理论基础和基本要素。

（2）理解我国经典幼儿园课程方案的主要内容、优缺点、特点及其实践方法。

技能目标

能够正确评价我国经典幼儿园课程方案，并将我国著名幼儿园课程方案创造性地运用到实践中。

素质目标

（1）初步树立科学的幼儿园课程观念。

（2）关爱幼儿，热爱学前教育事业。

学习重难点

学习重点

（1）了解我国经典幼儿园课程方案的理论基础和基本要素。

（2）理解我国经典幼儿园课程方案的主要内容及优缺点。

学习难点

（1）掌握我国经典幼儿园课程方案的特点及其实践方法

（2）正确评价我国经典幼儿园课程方案，借鉴其成功经验并创造性地将其运用到实践教学中。

思维导图

- 我国经典幼儿园课程
  - 陶行知生活教育课程
    - 生活教育课程理论基础
    - 生活教育课程目标
    - 生活教育课程内容
    - 生活教育课程实施方法
    - 生活教育课程评价
  - 陈鹤琴五指活动课程
    - 五指活动课程理论基础
    - 五指活动课程目标
    - 五指活动课程内容
    - 五指活动课程实施方法
    - 五指活动课程评价
  - 张雪门行为课程
    - 行为课程理论基础
    - 行为课程目标
    - 行为课程内容
    - 行为课程实施方法
    - 行为课程评价

任务一

陶行知生活教育课程

任务描述

本任务旨在让学生理解陶行知生活教育课程的理论基础、目标、内容、实施方法与评价,并思考如何应用到实践中。

任务准备

(1)物质准备:纸张、笔、教案、课件、教材等。

(2)经验准备:学生查阅资料了解陶行知的教育思想。

工作表单

工作表单

通过查找资料和阅读学习支持,谈一谈你对陶行知生活教育课程的理解,并分享如何创造性地将其应用到实践中去。

分享:

学习支持

一、生活教育课程理论基础

（一）理论背景

陶行知生活教育理论起源于对西方教育的批判和对中国传统文化的继承。传统的教育过于注重书本知识的灌输，忽视了个体的全面发展和实践能力的培养。

（二）生活教育的核心

陶行知认为“生活即教育”，生活教育是一种基于真实生活经验的教育方法。他主张将学校教育与社会生活相结合，让学生通过亲身参与社会实践来学习和成长。

（三）实践性教学

陶行知的生活教育课程提倡实践性教学，鼓励学生通过实际操作和亲身体验来获取知识。知识只有在实践中才能被真正地理解和应用，因此学校应该提供更多的实践机会，如实地考察、实验课程和社会实践活动等。

（四）学生的自主性和创造力

陶行知的生活教育课程强调培养学生的自主性和创造力，提出了解放儿童的头脑、双手、嘴巴、时间、空间、创造力等“六大解放”。学生应该成为自己学习的主体，而不是被动地接受教师的灌输。学校应该为学生提供自主学习的环境和机会，鼓励学生主动思考、独立决策和创新实践。

（五）教师的引导与启发

教师应该成为学生的引导者和启发者，而不仅仅是知识的传授者。教师应该根据学生的特点和需求，发掘和激发学生的潜能，帮助学生发展个性和独立思考的能力。

（六）教育的社会功能

教育的最终目标是培养社会公民，使学生成为具有责任感和创造力的积极参与者。教育应该注重道德教育和公民教育，培养学生的社会责任感和公共意识。

二、生活教育课程目标

陶行知生活教育课程目标首先是培养儿童的生活力，其次，陶行知生活教育课程目标还注重培养儿童手脑相结合的创造能力，培养儿童的多方面的素质。

（一）培养实践能力

生活教育的首要目标是培养学生的实践能力。课程旨在让学生通过参与各种实践活动和亲身体验，掌握实际操作技能，并能将所学知识应用到实际生活中。

（二）培养自主性和创造力

生活教育致力于培养学生的自主性和创造力。课程旨在激发学生的独立思考和创新能力，培养学生主动探究问题、解决问题的能力，并鼓励学生在实践中展现个人才艺和创造能力。

（三）培养社会责任感

生活教育注重培养学生的社会责任感和公共意识。课程通过道德教育和公民教育，引导学生了解社会伦理和价值观，并激励学生积极参与社会实践，关注社会问题，为社会进步做出贡献。

（四）培养人际交往和沟通能力

生活教育强调培养学生的人际交往和沟通能力。课程通过团队合作、互动交流等方式，让学生学会与他人合作、沟通和解决冲突，培养学生的合作意识和团队精神。

（五）培养终身学习能力

生活教育的最终目标是培养学生的终身学习能力。课程旨在培养学生的学习兴趣和学习动力，培养学生主动学习、持续学习的习惯，并培养学生掌握自主学习的方法和策略。

三、生活教育课程内容

课程内容来源于生活，来源于幼儿园周围的人、事、物，但凡儿童感兴趣的均为活生生的生活教育的材料。

(一)劳动教育

通过劳动培养孩子们的实践能力和劳动精神。孩子们通过亲身参与劳动,包括农田劳动、手工制作、家务劳动等,能够学习到生活的各个方面的知识和技能,培养自主学习和解决问题的能力。

(二)自然观察

在生活课程中,孩子们会接触到植物、动物、天气等自然元素。自然是最好的教科书,孩子们通过主动观察自然界的现象,探索自然,可以培养自己的观察力、思考力和科学精神。

(三)社会实践

在生活课程中,孩子们通过参与社区服务、社会公益活动等,了解社会的运作和社会问题,培养自己的社会意识、社会责任感以及社会参与能力。

(四)文化体验

文化体验是培养孩子综合素质和审美能力的重要途径。在生活课程中,孩子们会接触到传统文化、艺术表演、文学作品等,通过欣赏、参与和创造,培养自己的情感表达能力和艺术修养。

四、生活教育课程实施方法①

课程实施应以生活为中心,课程应包括人类生活的全部,全部的生活都是教育,即全部的生活也就是课程。陶行知主张对自然现象、社会现象、儿童故事、儿童歌谣、儿童游戏加以收集,作为教育儿童的教材,并以“教学做合一”的方式进行课程实施。“教学做合一”是对传统教育的一套教育教学方法的根本否认,是生活教育的课程实施方法。“教学做合一”的含义是:教的法子要根据学的法子,学的法子要根据做的法子,其中做是三者的中心,强调在做上教,在做上学,认为不做无学,不做无教。

①崔爱林,赵红芳,郭健.学前教育学[M].北京:北京师范大学出版社,2018.

五、生活教育课程评价[1]

陶行知重视幼儿教育，反对当时传统的旧教育，提出的生活教育课程深刻揭示了教育的本质和职能，符合教育规律，既反映了世界现代教育发展的趋向，又充分表达了本民族的特色。

（一）培养综合能力

生活课程注重培养孩子们的实践能力、创造力和综合素质。通过实际参与和体验，孩子们能够更好地发展自己的技能和能力。

（二）强调实践与体验

生活课程将教育与日常生活融为一体，注重实践和体验。这种教育方法能够让孩子们更深入地理解知识和概念，激发他们的学习兴趣和动力。

（三）培养社会意识和责任感

生活课程中的社会实践活动有助于培养孩子们的社会意识和责任感。通过参与社区服务和公益活动，孩子们能够了解社会问题，培养关爱他人和关心社会的价值观。

（四）注重个性发展

生活课程注重每个孩子的个性发展，尊重他们的兴趣和特长。通过提供多样化的学习资源和活动，孩子们能够发掘自己的潜能，培养自信心和积极心态。

（五）生活课程的开展存在挑战

1. 实施难度

实施生活课程需要教师具备丰富的实践经验和教学技巧，同时需要学校提供适当的资源和支持，这是教育机构面临的挑战。

①崔爱林，赵红芳，郭健．学前教育学[M]．北京：北京师范大学出版社，2018.

2.课程内容的具体性

生活课程注重个性化和灵活性，但可能缺乏一定的具体指导和标准化的课程内容，导致课程的实施结果因教师和学校的差异而有所不同。

3.教学评估问题

生活课程的重点在于实践和体验，传统的评估方式可能无法全面评价孩子们的综合能力和素质，在评估方面可能需要更加创新和多样化的方式。

任务二

陈鹤琴五指活动课程

任务描述

本任务旨在让学生理解五指活动课程的理论基础、目标、内容、实施方法与评价，并思考如何应用到实践中。

任务准备

(1)物质准备:教案、课件、教材、纸张、笔等。

(2)经验准备:学生查阅资料了解陈鹤琴的教育思想。

工作表单

工作表单

通过查找资料和阅读相应的学习支持，谈一谈你对陈鹤琴的五指活动课程的看法，并分享如何创造性地应用到实践中去。

分享:

学习支持

一、五指活动课程理论基础

"活教育"理论体系是陈鹤琴五指活动课程方案的理论基础，主要包括活教育的目的论、活教育的课程论和活教育的方法论三部分。

(一)活教育的目的论①

陈鹤琴提出：活教育的目的就是"做人，做中国人，做现代中国人"。这样的人所具备的5个条件分别是：要有强健的身体、要有建设的能力、要有创造的能力、要有合作的态度与要有服务的精神。

抗日战争胜利后，随着形势的发展，陈鹤琴又进一步提出了"做人，做中国人，做世界人"的目标。这既反映了他的爱国主义精神，也体现了他放眼世界的胸怀。

(二)活教育的课程论

陈鹤琴认为"大自然、大社会都是活教材"，反对书本万能、课程固定的死教育，强调应该在大自然、大社会中学习，重视直接经验，强调课程应该是整体的。活教育的课程编制遵循两个原则：一是根据颁布的课程标准，二是根据当地的生活环境。

(三)活教育的方法论

活教育的基本教学方法是"做中教，做中学，做中求进步"。"做"是方法的中心。活教育特别重视幼儿在活动中获取的直接经验，主张幼儿在学校里的一切活动，凡是幼儿力所能及的，都应让他们自己去完成，让他们在这个过程中形成对事物的认识和判断，并且积累直接经验。陈鹤琴将教学过程分为实验观察、阅读参考、发表创作、批评讨论4个步骤，同时提出活教育的17条教育原则：

(1)凡幼儿自己能够做的，应当让他们自己做；

(2)凡幼儿自己能够想的，应当让他们自己想；

(3)你要幼儿怎样做，就应当教幼儿怎样学；

(4)鼓励幼儿去发现他们自己的世界；

(5)积极的鼓励胜于消极的制裁；

---

①王春燕.幼儿园课程概论[M].北京：高等教育出版社，2007.

(6)大自然、大社会是我们的活教材；

(7)比较教学法；

(8)用比赛的方法来提高学习的效率；

(9)积极的暗示胜于消极的命令；

(10)替代教学法；

(11)注意环境，利用环境；

(12)分组学习，共同研究；

(13)教学游戏化；

(14)教学故事化；

(15)教师教教师；

(16)幼儿教幼儿；

(17)精密观察。

二、五指活动课程目标

五指活动课程目标在于发展幼儿的心智和身体，具体落实在以下4个方面。

(一)做人

有合作和服务的精神，有同情心。

(二)身体

有健康的体格、讲卫生的习惯和相当的运动技能。

(三)智力

有研究的态度、充分的知识和表意的能力。

(四)情绪

能欣赏自然和艺术美，养成快乐精神，打消惧怕情绪。

三、五指活动课程内容

陈鹤琴自1940年在江西办幼儿师范学校时开始提出“活教育”思想，经过几年的教育实践，于1947年创立了“活教育”的思想体系，并以“活教育”的目的论为基础，构建了“五指活动”课程内容。

(一)儿童健康活动

儿童健康活动主要包括饮食、睡眠、早操、游戏、户外活动、散步、健康检查、排泄与清洁习惯的指导及平安教育等。

(二)儿童社会活动

儿童社会活动包括朝夕会、周会、纪念会、每天的谈话讨论、政治常识、升降旗等。

(三)儿童科学活动

儿童科学活动包括自然观察与研究、种植、饲养、计数、填气候图、认识环境等。

(四)儿童艺术活动

儿童艺术活动包括音乐活动(唱歌、节奏、表演、音乐欣赏等)、绘画活动和美工活动(沙箱装排、泥工等)。

(五)儿童文学活动

儿童文学活动包括听说故事、歌谣、谜语、笑话以及看图画书等。

四、五指活动课程实施方法①

游戏法、小组教学法为课程实施的方法,强调“做中教、做中学”。

陈鹤琴认为儿童不是成人的缩影,而是有其独特的生理、心理特点,主张教师应尊重儿童,做儿童的朋友,同游同乐,去玩去教。儿童喜欢游戏,是以游戏的方法来生活的,还不能把学习和游戏严格分开。对于儿童游戏就是学习,学习就是游戏。在游戏中,儿童的身体能得到充分锻炼,儿童能够展开丰富的想象、缓解紧张的情绪、体验活动的愉悦。游戏方法是符合幼儿年龄特点的最有效的课程实施方法。在游戏中,儿童学得快,学得好,印象深刻,会有事半功倍的效果。

陈鹤琴认为儿童的年龄不同,存在兴趣、智力等方面的差异,采用小组教学法有利于区别对待、因材施教,使处于不同发展水平的儿童在相互作用中都得到发展。

①崔爱林,赵红芳,郭健.学前教育学[M].北京:北京师范大学出版社,2018.

五、五指活动课程评价①

陈鹤琴受以杜威为代表的进步主义教育思想的影响，对国内的教育进行了反思，提出了“活教育”的思想，并创编了“五指活动”的幼稚园课程模式。“五指活动”课程既有扎实的理论根底，又有丰富的实践经验，对当时的幼稚园课程理论与实践产生了深远的影响，主导了我国20世纪20—40年代的幼儿教育，使课程趋向中国化和科学化。“五指活动”课程是一个系统的、整体的，包含的课程内容相对比较为全面、组织实施方法符合幼儿身心发展特点的课程体系。

陈鹤琴的幼儿园课程思想影响深远。20世纪30年代颁布的《幼稚园课程标准》是我国幼儿园课程发展史上的第一个课程标准，不仅改变了我国幼儿园课程长期以来的混乱局面，使我国有了统一的、适合我国幼儿园发展的课程标准，而且对此后的幼儿园课程都产生过重要影响。

“五指活动”课程既关注从幼儿生活环境中取材，也关注不同领域活动的系统性和渗透性思想，对今天的幼儿园课程改革和发展仍具有重要的借鉴意义。如我国20世纪80年代中期开始的幼儿园课程改革中形成的“幼儿园综合主题课程”就汲取了“五指活动”课程的精髓；2001年颁布的《幼儿园教育指导纲要（试行）》中的许多思想也体现了陈鹤琴的幼儿园教育观点。

①崔爱林，赵红芳，郭健．学前教育学［M］．北京：北京师范大学出版社，2018.

任务三

张雪门行为课程

任务描述

本任务旨在让学生理解张雪门行为课程的理论基础、目标、内容、实施方法与评价,并思考如何应用到实践中。

任务准备

(1)物质准备:教案、课件、教材、纸张、笔等。

(2)经验准备:学生查阅资料了解张雪门的教育思想。

工作表单

工作表单

通过查找资料和阅读相应的学习支持,谈一谈你对张雪门的行为课程的看法,并分享如何创造性地应用到实践中去。

分享:

学习支持

一、行为课程理论基础

（一）幼儿的发展是身心与环境交互的结果

受福禄贝尔、蒙台梭利和杜威等西方教育家的影响，张雪门认为幼儿是生长的有机体，有自己的生理和心理需要，而这种生理和心理需要与周围环境相接触、相反应才能逐渐得到发展。这才是幼儿的本体。幼儿是生长的有机体，幼儿的生长既不是完全依靠外部的灌输，也不是完全由内在遗传展开，而是其身心与环境交互的结果。通过交互，幼儿获得了经验，也就获得了成长。幼儿发展的历程就是经验不断改进的历程。

（二）行为课程应是幼儿生活的经验

张雪门认为，课程是人类生活中有价值经验的“选品”，可以从3个层面去理解：其一，课程是幼儿通过与环境的接触而获得的经验；其二，课程是人类生活的经验；其三，课程应当是人类生活中有价值经验的内容，既是指对当下社会有价值，也是指对当前幼儿有价值。

二、行为课程目标

满足儿童身心的需求，促进儿童掌握“扩充经验的方法”与养成“扩充经验”的习惯，培养其生活的意识与能力，从而使儿童的身心得到全面的发展。

三、行为课程内容

1. 儿童自发的诸般活动

儿童自身发展中所进行的一些活动。

2. 儿童的自然环境

儿童周围生活中一切有关自然的事物与知识，如动物、植物、旅行，以及儿童与各种自然现象的互动。

3.儿童的社会环境

与儿童现在的生活和未来的社会生活相关的知识，如家庭、邻居、邻近的地方、各种职业活动等。

四、行为课程实施方法①

（一）做中学

幼儿的心理特点决定了儿童在这一时期以获得直接经验为主，而直接经验是个体与环境直接接触而生的经验，儿童也只有亲自去做，才能和环境真正接触。所以，课程实施以行为为中心，强调的是让幼儿通过行为进行学习，在“做中学”。

（二）生活能力培养

课程的实施要求教师一定要注意儿童的实际行为，要常常运用自然和社会的环境，以唤起其生活的需要，扩充其生活的经验，培养其生活的能力。

（三）单元教学方法

课程实施采取单元教学的方法，彻底打破各学科的界限。教师在各科教材中选择与学习单元有关的材料加以运用，配合幼儿实际行为的开展，使各科教材自然融汇在幼儿生活中。课程进行中，教师要随时巡视指导，不重讲解，而着重指导幼儿行为的实践，使幼儿在活动中养成基本习惯。

五、行为课程评价②

张雪门依据杜威的“教育即生活”的理论和陶行知的“知行合一”思想，创编了行为课程，强调让儿童在亲身的行动和活动中获得直接经验，同时要求根据儿童的能力、兴趣和需要组织教学，主张采用单元教学的方法，打破学科的界限，这些对20世纪30年代我国幼儿园课程的改革和发展做出了重大的贡献。

---

①崔爱林，赵红芳，郭健．学前教育学[M]．北京：北京师范大学出版社，2018.

②同上。

任务评价

主题	内容	优秀	良好	一般	较差	很差
学习态度	能准时参加所有任务的学习，按时提交各项任务	5	4	3	2	1
专业知识	了解我国经典幼儿园课程方案的理论基础和基本要素，理解我国经典幼儿园课程方案的主要内容及优缺点	5	4	3	2	1
研讨精神	积极参与讨论，分享自己的见解	5	4	3	2	1
团队协作	能很好地融入课堂小组讨论，共同推进学习进程	5	4	3	2	1
沟通交流	能够清晰准确地表达自己的观点，与他人交流时态度语气恰当	5	4	3	2	1
人文素养	能够搜集幼儿园课程的相关知识，有意识地树立职业精神	5	4	3	2	1
信息素养	会检索常见的学前教育专业文献数据库，主动阅读幼儿园课程相关文献，在课堂上发表自己的看法	5	4	3	2	1
实践应用	能总结我国经典幼儿园课程方案的特点及其实践方法。会正确评价我国经典幼儿园课程方案，并将我国经典幼儿园课程方案运用到实践中	5	4	3	2	1
自我小结						

项目小结

通过本项目的学习，了解陶行知的生活教育课程的理论基础、课程目标、课程内容以及课程实施和评价方法；陈鹤琴五指活动课程的理论基础、课程目标、课程内容以及课程实施和评价方法；张雪门行为课程的理论基础、课程目标、课程内容以及课程实施和评价方法。能正确评价我国经典幼儿园课程方案，并将其创造性地运用到实践中。

直通赛证

一、真题再现

陈鹤琴提出的五指活动指的是(　　)。

A.儿童健康活动、儿童社会活动、儿童科学活动、儿童艺术活动、儿童文学活动

B.儿童语言活动、儿童社会活动、儿童科学活动、儿童美术活动、儿童音乐活动

C.儿童常识活动、儿童社会活动、儿童科学活动、儿童艺术活动、儿童文学活动

D.儿童体育活动、儿童语言活动、儿童科学活动、儿童艺术活动、儿童文学活动

二、思考与练习

(1)陶行知的“教学做合一”的含义是什么?

(2)幼稚园行为课程内容有哪些?

实践实训

总结我国经典幼儿园课程方案的特点及其实践方法,并结合我国著名幼儿园课程方案设计一次幼儿园主题活动方案。

推荐阅读

[1]《三字经》。

[2]《弟子规》。

我国经典幼儿园课程简介

项目六

西方经典幼儿教育模式

学习目标

知识目标

(1)了解西方经典幼儿园课程方案的理论基础和基本要素。

(2)理解西方经典幼儿园课程方案的主要内容及优缺点。

技能目标

(1)能总结西方经典幼儿园课程方案的特点及其实践方法。

(2)能正确评价西方经典幼儿园课程方案,并将西方经典幼儿园课程方案创造性地运用到实践中。

素质目标

(1)初步树立科学的幼儿园课程观念。

(2)关爱幼儿,热爱学前教育事业。

学习重难点

学习重点

(1)理解西方经典幼儿园课程方案的主要内容及优缺点。

(2)能总结西方经典幼儿园课程方案的特点及其实践方法。

学习难点

将西方经典幼儿园课程方案创造性地运用到实践中。

思维导图

- 西方经典幼儿教育模式
  - 蒙台梭利教育
    - 蒙台梭利的儿童发展观
    - 蒙台梭利教育的目的和原则
    - 蒙台梭利教育的课程内容
    - 蒙台梭利教育的教师角色
    - 蒙台梭利教育思想的影响
  - 瑞吉欧幼儿教育
    - 瑞吉欧幼儿教育体系的理论基础
    - 瑞吉欧幼儿教育体系的建构
    - 瑞吉欧幼儿教育体系的评价
  - 高宽课程
    - 高宽课程的理论基础
    - 高宽课程的目标
    - 高宽课程的内容
    - 高宽课程的实施
    - 高宽课程中教师的作用
    - 高宽课程的评价

任务一

蒙台梭利教育

任务描述

本任务旨在让学生了解蒙台梭利儿童发展观，理解蒙台梭利教育的目的和原则，理解蒙台梭利课程内容、教育思想及教师的角色。

任务准备

（1）物质准备：纸张、笔、教案、课件、教材等。

（2）经验准备：学生查阅资料了解蒙台梭利教育思想。

工作表单

工作表单

通过查找资料和阅读学习支持，谈一谈你对蒙台梭利教育思想的看法及如何创造性地应用到实践中去。

谈一谈：

学习支持

一、蒙台梭利的儿童发展观

（一）儿童发展具有胚胎期①

蒙台梭利认为人类有“生理的胚胎期”和“心理的（或称精神的）胚胎期”，两个胚胎期是相对而言的。生理的胚胎期，即在母体内生长发育的过程。在生理胚胎期，人开始时一无所有，以后由一个细胞分裂为许多细胞，然后形成各种器官，并生长发育至瓜熟蒂落。心理胚胎期则是人类特有的，具体表现在从出生到3岁的婴幼儿阶段。心理胚胎期既区别于儿童在母腹中的生理胚胎期，又不同于成人的心理活动，是儿童通过无意识地吸收外界刺激而形成各种心理活动能力的时期。

（二）儿童发展具有敏感期②

蒙台梭利认为儿童对于特殊的环境刺激有一定的敏感时期，这与生长现象密切相关，和一定的年龄相适应，儿童发展就是建立在敏感期基础之上的。心理现象的敏感时期主要有以下几个时期。

1.感觉敏感期

0~5岁，儿童不仅能有选择地注意周围的环境，而且开始建立并完善各种感觉功能。

2.秩序敏感期

1~4岁，儿童能够理解事物的时间和空间关系并对物体进行分类。

3.细节敏感期

1~2岁，儿童的注意力往往集中在事物的细枝末节上。

4.行走敏感期

1岁左右，似乎有一种不可抗拒的冲动驱使幼儿去行走。

---

①张红兵.蒙台梭利教育理论概述[M].北京:北京理工大学出版社,2007.

②李红.幼儿心理学[M].北京:人民教育出版社,2007.

5. 语言敏感期

出生后8个星期到8岁，儿童对人的声音产生兴趣，然后对词产生兴趣，最后才对语言产生兴趣，并逐渐掌握复杂的人类语言。

蒙台梭利指出了多种心理现象的敏感时期，并要求在儿童心理发展的敏感时期对幼儿进行教育、引导和帮助，从而促进幼儿心理的正常发展，并避免延误时机带来的儿童心理发展障碍，过了特定的时期，其敏感性则会消失。

（三）儿童发展具有阶段性①

蒙台梭利用发展的观点看待儿童，认为儿童处于不断发展的过程中，发展呈现出阶段性。在发展的每一阶段，儿童的生理、心理和社会性发展的特点都和前一阶段不同，而每一阶段的发展又为下一阶段的发展打下基础，儿童心理的发展分为以下三个阶段。

1. 第一阶段（0~6岁）

儿童各种心理功能形成期。这一阶段的最基本的特征是出现一个又一个的敏感期。这个阶段划分为两个时期：第一个时期是从出生到3岁，即“心理胚胎期”，这一时期儿童没有有意识的思维活动，只能无意识地吸收一些外界刺激；第二个时期是个性形成期，这一时期儿童逐渐从无意识转化为有意识，慢慢产生了记忆、理解和思维能力，并逐渐形成各种心理活动之间的联系，获得最初的个性心理特征。

2. 第二阶段（6~12岁）

儿童心理的相对平稳发展时期。

3. 第三阶段（12~18岁）

儿童身心经历巨大变化并走向成熟的时期。

（四）儿童发展是在工作中实现

蒙台梭利在《教育中的自我活动》一书中指出，儿童由于内在生命力的驱使和心理的需要产生一种自发性活动，这种自发性活动通过与环境的交互作用使儿童获得有关经验，从而促进儿童心理的发展。她认为只有工作才是儿童最主要和最喜爱的活动，而且只有工作才能培养儿童多方面的能力并促进儿童心理的全面发展。

①冯晓霞.幼儿教育[M].长春：吉林教育出版社，2000.

二、蒙台梭利教育的目的和原则

(一)蒙台梭利教育的目的

蒙台梭利教育的目的在于发展儿童"生命的法则",帮助儿童发展生命,使每个儿童具有的天赋潜能在适宜的环境中得到自然发展,在了解儿童的基础上促进儿童身心均衡发展。

(二)蒙台梭利教育的基本原则

蒙台梭利教育的基本原则是使儿童获得自由,使儿童的天性得以自然地表现。幼儿的学习应是自愿的,非强制性的。教师的作用在于为儿童提供符合其身心发展的环境,帮助儿童实现自我教育。

三、蒙台梭利教育的课程内容

蒙台梭利教育的课程内容包括日常生活练习(培养儿童独立自主能力和精神,学习实际生活的技能)、感官训练(视、听、触、嗅、味)、肌肉训练(促进发育和健康)和初步知识的学习(阅读、书写和算术)。其经典课程主要内容如下:

(一)感觉教育

蒙台梭利的感觉教育原则:一是遵循循序渐进原则,照顾儿童的个别差异,把感觉教育同读、写、算的教学结合起来,由简单到复杂,逐步发展;二是自我教育的原则,让幼儿根据自己的能力和需要进行自我选择、独立操作、自我矫正。感觉训练中应包括视觉、听觉、嗅觉、味觉和触觉的训练,其中,触觉训练在蒙台梭利的感觉训练中是最主要的方面。

(二)语言教育

蒙台梭利的语言教育包括口头语言训练和简单的书写活动。她认为,书写应先于口语训练。口头语言训练通过为儿童提供阅读教材和交谈两种形式进行。阅读材料由清晰书写好的单词和短语纸片与卡片,还有大量的玩具组成。

(四)纪律教育

纪律教育是蒙台梭利教育的重要组成部分,也是她为学前儿童设计的重要课程内容。她认为,儿童纪律在本质上是积极的、活动的、主动的、内在的和持久的,而不是消极的、被动的、外在的和暂时的。但是,蒙台梭利教育体系中的自由概念,并不是放任自流,或让儿童任意妄为,而是有范围和限度的。

(五)数学入门教育

数学入门教育主要包括:数数、数字练习、用书写符号表示数、数的记忆练习等。针对不同的内容,采取相应的教学方法。

(六)日常生活教育

蒙台梭利认为,参与日常生活的实际体验,有助于儿童在所有教室活动中专心学习。蒙氏日常生活教育的内容包括动作练习、照顾自己、照顾自己周围的环境、文明礼貌的训练等。

四、蒙台梭利教育的教师角色

(一)教师是环境的创设者

在蒙台梭利看来,儿童是在吸收环境的过程中发展的,所以教师应为儿童提供适当的有准备的环境。有准备的环境主要由两部分构成,一是物质环境(蒙台梭利教具);二是人文环境(各种有价值的人类的文化遗产)。

(二)教师是示范者

在儿童自我选择、使用教具材料之前,教师先为孩子示范教具的正确操作方法。

(三)教师是观察者

教师随时观察孩子的行为,"以不带成人偏见的眼光来看孩子"。观察的目的在于了解孩子的发展和需要,然后以此来提供适宜的环境。

(四)教师是支持者和资源者

蒙台梭利认为儿童发展是通过吸收环境而自我达到的,但同时也强调教师是儿童发展的支持者和资源者,离开了教师的协助,儿童的发展难以实现。孩子需要时,教师会随时出现在孩子的身边,成为孩子情感的支持者和学习活动的最佳资源。

五、蒙台梭利教育思想的影响

蒙台梭利被誉为“20世纪幼儿教育改革家”，她创立的、独特的幼儿教育法，风靡整个西方世界，深刻影响着世界各国，特别是欧美国家。

蒙台梭利幼儿教育理论认为，幼儿是一个独立的个体，享有自由，作为成人要尊重幼儿的发展。好动是幼儿的天性，作为成人的教师不要横加干涉，限制孩子的发展，而应该为幼儿提供一个有准备的环境，从而使幼儿在一个宽松愉悦的氛围当中不断获得发展。作为教师要认真学习蒙台梭利教育思想，树立正确的教师观、儿童观，为孩子带去一个快乐的童年。

蒙台梭利教育思想对于世界幼儿教育的发展具有深远意义，但也存在一定的弊端，如过分注重幼儿的智力发展而忽略幼儿的情感发展。

任务二

瑞吉欧幼儿教育

任务描述

本任务旨在让学生了解瑞吉欧幼儿教育体系的理论基础，理解瑞吉欧幼儿教育体系的建构，掌握瑞吉欧幼儿教育体系的评价。

任务准备

(1)物质准备：纸张、笔、课件、教材等。

(2)经验准备：学生查阅资料了解瑞吉欧幼儿教育思想。

工作表单

工作表单

通过查找资料和阅读学习支持，谈一谈你对瑞吉欧幼儿教育思想的看法及如何创造性应用到实践中去。

谈一谈：

学习支持

一、瑞吉欧幼儿教育体系的理论基础

（一）儿童观

在瑞吉欧人的眼里，儿童是社会的一分子，是社会与文化的参与者，是他们共同历史的演出者，也是他们自己文化的创造者，与成人一样，是拥有独特权利的个体，儿童也有权利发表自己的看法。

（二）教育观

瑞吉欧学校的教育观是和他们的儿童观联系在一起的。瑞吉欧人认为：教育的目标就是要创造一个和谐的环境，发展幼儿的创造力，使幼儿形成完整的人格；教育应以儿童为中心，儿童在教育过程和课程决策上应有参与发表意见的机会；认可教师与家长在幼儿教育上也起着重要的作用。在对待“教”与“学”的关系上，瑞吉欧人更尊重幼儿的“学”，一向是因材施教。瑞吉欧的教育理念强调“互动关系”和“合作参与”，注重环境、学校、社区、家庭都参与的教学实践。幼儿园会让家长一起讨论课程计划与活动等，让家长参与到学校管理中。

二、瑞吉欧幼儿教育体系的建构

（一）课程目标

瑞吉欧幼儿教育体系是一种儿童本位的课程论，在确定课程目标时更多立足于儿童的需要和个性发展，有机融入一定的学科知识和当代社会对新人的需求。

（二）课程内容

瑞吉欧的幼儿学校没有预先设计好的课程，因为他们认为，幼儿本身的需要、兴趣、经验和能力是极为多样化的。课程内容来自周围的环境——儿童生活中感兴趣的事物、现象和问题，来自他们各自的活动。日常生活是取之不尽的课程内容资源，如积木游戏、角色游戏、听故事、家务活动、穿衣打扮、颜料画、拼贴画、黏土手工等等。

(三)课程的实施

1.方案教学

一是师生共同合作设计方案的主题;二是师生共同编制策划主题网络;三是教师们共同讨论方案执行的思路;四是创设一定的情景推动方案进行。

2.小组工作

瑞吉欧的方案活动一般采取小组工作的方式,小组一般是3~5人,有时2人。瑞吉欧认为这种小组工作的方式有利于保证同伴间的合作研究。

3.档案支持

档案指的是对教育过程及师生共同工作结果的系统记录。

4.图像语言

在幼儿围绕着一个共同的方案研究的过程中,瑞吉欧鼓励幼儿运用他们的自然语言和表达风格,自由地表达和相互交流。

5.教师角色

瑞吉欧幼儿教育系统中,教师不是权威,也不是传统意义上的知识、技能的拥有者、传授者,而是充当伙伴、园丁、向导、记录者、研究者等多种角色。教师不仅是孩子的教育者,也是孩子学习、活动的引导者、启发者,并不设定孩子的能力上限,而是认为每个孩子都有他的能力,尽可能走进孩子的内心,知道什么时候给孩子提供材料,什么时候和孩子一起讨论,什么时候给孩子提供帮助,以及什么时候鼓励孩子、引导孩子等等,从而帮助孩子用自己的方式去认识世界,让他们自己去发现答案。

三、瑞吉欧幼儿教育体系的评价

(一)注重幼儿综合素质的培养

瑞吉欧幼儿教育体系不仅注重学科知识的传授,更注重幼儿思维能力、创新能力和实践能力的培养。通过开展各种实践活动,如实验、实习、社会实践等,瑞吉欧教育体系使幼儿能够将所学的知识应用到实际中,培养幼儿的实践能力和问题解决能力。

(二)注重幼儿团队合作精神和社会责任感的培养

在学习中,鼓励幼儿之间的合作与交流。通过小组讨论、团队项目等形式,培养幼儿的团队合作能力和沟通能力。同时,注重培养幼儿的社会责任感。通过社会实践和志愿者活动,让幼儿了解社会问题并积极参与解决,培养幼儿的公民意识和社会责任感。

(三)注重幼儿的个性化教育

尊重每个幼儿的个体差异,注重发掘和培养幼儿的个人特长和潜能。通过灵活的课程设置和个性化的辅导,帮助幼儿发展自己的兴趣和实现梦想。这种个性化教育能够更好地满足幼儿的需求,激发幼儿的学习动力和创造力。

(四)注重幼儿跨文化意识和国际视野的培养

在全球化的背景下,通过开设国际课程、组织国际交流和合作项目等方式,让幼儿了解不同地区文化、不同国家的知识,培养幼儿的跨文化交流能力和国际竞争力。这种国际化的教育能够使幼儿具备更广阔的发展空间,增强幼儿在全球化时代的竞争力。

任务三

高宽课程

任务描述

了解高宽课程的理论基础和课程内容，理解高宽课程评价与教师角色，掌握高宽课程的实施。

任务准备

（1）物质准备：纸张、笔、课件、教材等。

（2）经验准备：学生通过查阅资料了解高宽课程。

工作表单

工作表单

通过查找资料和阅读学习支持，谈一谈你对高宽课程的看法及如何创造性地应用到实践中去。

谈一谈：

学习支持

一、高宽课程的理论基础

高宽课程是以皮亚杰的认知发展理论为基础,吸取现代教育学和心理学的研究成果而建立起来的一种颇具特色的幼儿认知发展课程。儿童的发展是一个持续的过程,是在与环境积极的相互作用中获得发展的。

儿童具有主动性。主动学习是高宽课程的核心价值理念。学习者发起的学习,是学习者通过操作物体与人、观念、情景相互作用,主动地建构关于现实知识的过程。高宽课程方案非常强调儿童的主动学习,提倡让幼儿在主动活动中学习并获得发展。

二、高宽课程的目标

高宽课程从前期的建立到后期的发展过程中,课程目标有过调整。高宽课程最初也是最主要的目标在于有效地促进儿童认知能力的发展,为今后的学习奠定基础。后期,高宽课程强调以儿童的主动学习为中心,促使儿童认知、情感、社会性等方面的协调发展。

三、高宽课程的内容

高宽课程的课程内容包括五大领域:学习方式,语言、读写能力和交流,社会性和情感发展,身体发展和身心健康,艺术与科学。其中艺术与科学又进一步分为数学、科学和技术、社会学习、艺术。这些都是围绕“关键经验”所提供的各种类型活动从活动区展开的。

四、高宽课程的实施

高宽课程的实施通过每日的例行活动来完成,包括计划——工作——回顾环节。

(一)计划

儿童自己来决定在工作时间干什么。他们把自己的计划告诉教师,教师则帮助他们思考和充实他们的计划,记录他们的计划,并帮助他们开始执行计划。

(二)工作

儿童完成他们计划的项目和活动。教师在儿童中间走动,指导和支持他们,并帮助他们充实工作内容。那些完成了第一个计划的儿童可以重新开始另一个计划。

(三)回顾

儿童把他们未完成的作品收起来,并把他们在工作时间用过的材料分类、整理和放回原处。整理收拾完毕后,儿童和教师在一起,回忆和表述他们在工作时间的活动,重温儿童在工作中所遇到的问题。

此外,高宽课程还有小组活动、户外活动、团体活动、过渡环节等。

五、高宽课程中教师的作用

在高宽课程中,教师的作用主要是积极鼓励儿童解决问题。一般可以通过以下方法鼓励儿童主动地去解决问题。

(1)提供丰富的材料和活动,使儿童能对材料和活动进行选择。

(2)明确要求儿童运用某种方式制订计划和目标,并在完成目标的过程中找到和评判不同解决问题的办法。

(3)通过提问、建议和环境设计,为儿童创造与其思维发展、语言发展和社会性发展有关的关键经验的活动情景。

六、高宽课程的评价

高宽课程强调儿童通过主动学习主动建构自己的经验与认识,注重通过提供材料和挑战性情景来锻炼儿童的思维能力,注重教师和幼儿之间的积极互动,突出教师的指导作用,具有较强的操作性。高宽课程被认为是“适宜儿童发展的教育实践”的例证,是一个具有较高质量的学前儿童教育方案,影响广泛。

任务评价

主题	内容	优秀	良好	一般	较差	很差
学习态度	能准时参加任务的学习，按时提交各项任务	5	4	3	2	1
专业知识	了解国外经典幼儿园课程方案的理论基础和基本要素，理解国外经典幼儿园课程方案的主要内容及优缺点	5	4	3	2	1
研讨精神	积极参与讨论，分享自己的见解	5	4	3	2	1
团队协作	能很好地融入课堂小组讨论，共同推进学习进程	5	4	3	2	1
沟通交流	能够清晰准确地表达自己的观点，与他人交流时态度语气恰当	5	4	3	2	1
人文素养	能够搜集幼儿园课程的相关知识，有意识地树立职业精神	5	4	3	2	1
信息素养	会检索常见的学前教育专业文献数据库，主动阅读幼儿园课程相关文献，在课堂上小组讨论时发表自己的看法	5	4	3	2	1
实践应用	能总结国外经典幼儿园课程方案的特点及其实践方法。会正确评价国外经典幼儿园课程方案，并将国外经典幼儿园课程方案创造性地运用到实践中	5	4	3	2	1
自我小结						

项目小结

通过本项目的学习，了解蒙台梭利教育的儿童发展观，理解蒙台梭利教育的目的和原则、课程内容、教师角色和思想的影响；了解瑞吉欧幼儿教育体系的理论基础，理解瑞吉欧幼儿教育体系的建构，掌握瑞吉欧幼儿教育体系的评价；了解高宽课程的理论基础、目标和内容，理解高宽课程评价与教师角色，掌握高宽课程的实施。根据西方经典幼儿园课程方案的理论基础和基本要素，将西方经典幼儿园课程方案创造性地运用到实践中。

直通赛证

一、真题再现

某幼儿园组织幼儿进行军训活动。该幼儿园的做法(　　)

A.正确,有利于强化幼儿纪律教育

B.正确,有利于增强幼儿的责任感

C.不正确,阻碍了幼儿学习成绩的提升

D.不正确,未遵循幼儿身心发展的规律

二、思考与练习

(1)简述蒙台梭利的儿童发展观。

(2)简述瑞吉欧幼儿教育体系。

(3)高宽课程的核心价值理念是什么?

实践实训

总结西方经典幼儿园课程方案的特点及其实践方法,并结合西方经典幼儿园课程方案的指导思想,设计一次幼儿园主题活动方案。

推荐阅读

霍力岩,等.西方经典学前教育课程模式及运用[M].北京:北京师范大学出版社,2016.

西方经典幼儿教育模式简介

项目七

幼儿园课程游戏化改革

学习目标

知识目标

(1)理解幼儿园课程游戏化的具体内涵。

(2)领会幼儿园课程游戏化的基本要求。

(3)掌握幼儿园课程游戏化的基本途径。

技能目标

能够运用幼儿园课程游戏化的相关理论,分析、评价当前幼儿园课程游戏化的实践。

素质目标

(1)初步树立科学的幼儿园课程观念。

(2)关爱幼儿,热爱学前教育事业。

学习重难点

学习重点

(1)幼儿园课程游戏化的基本途径。

(2)分析、评价当前幼儿园课程游戏化的实践。

学习难点

能够运用幼儿园课程游戏化的相关理论,分析、评价当前幼儿园课程游戏化的实践。

思维导图

- 幼儿园课程游戏化改革
  - 幼儿园课程游戏化概述
    - 幼儿园课程游戏化的内涵
    - 幼儿园课程游戏化与传统课程的比较
    - 幼儿园课程游戏化对幼儿的影响
    - 幼儿园课程游戏化改革的理论
  - 幼儿园课程游戏化的基本要求
    - 环境创建的要求
    - 设计与实施的要求
    - 匹配幼儿园课程目标的要求
    - 幼儿园教师的角色要求
  - 幼儿园课程游戏化的基本途径
    - 整合游戏与学习内容
    - 利用数字技术实现课程游戏化
    - 设计多元化的游戏活动
    - 评价游戏化课程的效果
  - 幼儿园课程游戏化改革的挑战与对策
    - 改革中可能遇到的问题
    - 解决策略和建议
    - 家长和社区参与

任务一

幼儿园课程游戏化概述

任务描述

本任务旨在让学生了解幼儿园课程游戏化的内涵和对幼儿的影响，理解幼儿园课程游戏化改革的理论。

任务准备

(1)物质准备：教案、课件、纸张、笔等。

(2)经验准备：学生学习过学前儿童游戏的课程，课前须到幼儿园见习，了解幼儿园课程实施情况。

工作表单

工作表单

通过查找资料和阅读学习支持，小组讨论幼儿园课程游戏化，并谈一谈对幼儿园课程游戏化的理解。

谈一谈：

学习支持

一、幼儿园课程游戏化的内涵

(一)幼儿园课程游戏化的定义

幼儿园课程游戏化是指将游戏元素融合到课程中,改变传统的教育模式,通过以游戏为主导的教学方式,提高幼儿的学习兴趣,激发幼儿的学习动力,全面促进幼儿的身心发展。

幼儿园课程游戏化是一种新型的教学策略。它以游戏为载体,将游戏的元素、原则和设计理念引入课程中,使课程具有游戏的乐趣和吸引力。它不仅能够激发幼儿的学习兴趣,提高幼儿的学习效果,还能够全面促进幼儿的身心发展。

课程游戏化的本质是让学习过程变得更加愉快和有趣,以此激发幼儿的学习动力,提高幼儿的学习效果。它打破了传统的"教师教、学生学"的教学模式,强调幼儿的主动性和创造性,强调通过实践和体验来学习,强调以游戏为主导的学习方式。

(二)幼儿园课程游戏化的特征

幼儿园课程游戏化的特征主要体现在以下几个方面:

1.具有趣味性

游戏化的课程富含多元化的内容和丰富的教学手段,能够激发幼儿的好奇心和探索欲,使学习过程变得更加有趣、生动。

2.更多的自主性

游戏化的课程强调幼儿的主动参与和自我探索。在这种环境中,幼儿可以根据自己的兴趣和能力,自由选择学习内容和方式。

3.强调互动性

游戏化的课程重视幼儿之间的互动和合作,鼓励他们通过合作解决问题,提高社交能力,同时也能增强幼儿的团队意识。

4.注重实践性

游戏化的课程强调学习和实践的结合,让幼儿在游戏中体验,通过实践来获取知识,提高技能,形成正确的价值观。

5.富有挑战性

游戏化的课程往往设有一定的规则和目标,给幼儿带来适当的挑战,激发幼儿的积极性和创新性,让幼儿在挑战中学习和成长。

二、幼儿园课程游戏化与传统课程的比较

游戏化教学是近年来在教育领域中逐渐受到关注的一个新兴教学方法,尤其在幼儿园阶段的应用,对于提高孩子们的学习兴趣和增强学习效果有着非常积极的作用。下面就幼儿园课程游戏化与传统课程的比较,展开详细说明。

(一)从教学方式上来看

游戏化课程与传统课程有很大的不同。在传统的课程中,教师往往扮演着主导角色,而学生则是被动接受知识的对象。教师按照课程大纲讲解知识点,学生通过听讲、记忆、复习等方式来掌握知识。而在游戏化的课程中,教师更多地扮演着引导者和辅助者的角色,幼儿则通过自主探索和互动合作的方式,愉快地开展学习。

(二)从课程设计上来看

游戏化课程强调个性化和灵活性,而传统课程则强调结构性和规范性。在传统的课程设计中,教师通常按照一定的教学大纲和教学计划进行教学,内容和进度都有明确的规定。而在游戏化的课程设计中,教师需要根据幼儿的兴趣、需求和实际水平,灵活调整教学内容和教学进度,使课程更能符合幼儿的个性化需求。

(三)从学习效果上来看

在学习效果方面,游戏化课程和传统课程也有明显的区别。在传统的课程中,幼儿往往通过提问等形式来检验学习效果,而学习的目的往往变成了完成知识目标,对知识的理解和运用能力提升不明显。而在游戏化的课程中,幼儿在游戏的过程中,可以更好地理解和应用知识,不仅能够扩展知识的深度和广度,而且能够提高解决实际问题的能力。

三、幼儿园课程游戏化对幼儿的影响

相关研究显示，幼儿园课程游戏化的实施对幼儿的发展影响显著。

（一）提高学习兴趣和积极性

游戏化的课程设计充分考虑到了幼儿的兴趣和特点，将学习内容以游戏的形式呈现，使得幼儿在游戏中学习，提高他们的学习兴趣和积极性。例如，通过角色扮演游戏，孩子们在扮演不同角色的同时，可以学习到社交规则、协作精神等社会性知识。

（二）提升学习效果

游戏化的课程设计，使得幼儿可以在实际操作和体验中学习，比单纯的听讲和记忆更能提升他们的学习效果。比如，孩子们在拼图游戏中可以学习到形状、色彩、空间概念等基础知识，通过这种实践的方式，孩子们能更好地理解和掌握知识。

（三）培养创新思维和问题解决能力

游戏化课程鼓励幼儿主动探索和实践，这种过程有助于培养幼儿的创新思维和问题解决能力。例如，在堆积木游戏中，孩子们需要不断思考和尝试如何能让积木堆得更高、更稳，这个过程实际上培养了孩子们解决问题的能力。

（四）塑造积极的人格特质

游戏化课程注重合作与分享，培养幼儿的团队合作精神和社会责任感，这对于他们的人格塑造有积极影响。在游戏中，孩子们需要互相协助，共同完成任务，这有助于他们树立积极的人格特质。

（五）培养生活技能

游戏化课程中的许多游戏，如烹饪游戏、购物游戏等，都可以帮助孩子们学习到实际的生活技能，这对于他们今后的生活非常有帮助。

四、幼儿园课程游戏化改革的理论

(一)认知发展阶段理论

认知发展阶段理论是解释儿童认知发展的一种理论模型。该理论认为儿童在认知发展上经历了一系列阶段,每个阶段儿童具有独特的思维方式和能力。儿童的认知能力随着年龄的增长而逐渐发展,经历四个主要的阶段:感知运动期、前操作期、具体操作期和形式操作期。它强调了儿童通过操作和探索环境来构建自己的知识和理解。在幼儿园课程的游戏化改革中,教师可以根据儿童的认知水平和发展阶段,设计具有挑战性和启发性的游戏活动,以促进他们的思维发展、问题解决能力和概念形成。

幼儿园课程的游戏化改革与皮亚杰的认知发展阶段理论密切相关。游戏化的教学方法有助于儿童在不同阶段的认知发展中获得更好的学习体验和成果。

1. 感知运动期

这个阶段发生在出生后2年左右,儿童主要通过感官和运动经验来认知世界。在幼儿园课程中,可以通过丰富多样的感官刺激和动作游戏来促进幼儿的感知和运动发展。例如,使用色彩鲜艳的玩具和音乐,促使幼儿通过触觉、听觉和运动来探索和学习。

2. 前操作期

这个阶段发生在2~7岁,儿童开始发展出符号思维和语言能力。在幼儿园课程的游戏化改革中,教师可以运用角色扮演、模仿和幻想游戏等活动,帮助幼儿发展出更高级的认知能力。例如,通过扮演不同的职业角色,幼儿可以学习和运用符号和语言,培养想象力和问题解决能力。

3. 具体操作期

这个阶段发生在7~11岁之间,儿童开始具备逻辑思维和操作符号的能力。在儿童课程的游戏化改革中,教师可以设计一些供儿童操作和逻辑推理的游戏任务,以帮助儿童发展和巩固他们的思维能力。例如,通过拼图游戏、数学游戏和谜题等活动,儿童可以锻炼他们的问题解决和推理能力。

4.形式操作期

这个阶段发生在11岁及以上,儿童开始具备抽象思维和逻辑推理的能力。在儿童课程的游戏化改革中,教师可以提供更复杂和更具挑战性的游戏任务,以促进儿童的抽象思考和创造性解决问题的能力。例如,设计科学实验游戏、推理游戏和角色扮演游戏,鼓励儿童运用逻辑推理和抽象思维解决问题。

通过将课程与游戏融合,教师可以根据儿童所处的认知发展阶段,设计符合其认知能力和发展需求的游戏活动。这样的教学方法不仅能够激发幼儿的学习兴趣和积极性,还能够提供适应性的学习环境,促进他们全面发展。

(二)社会文化理论

维果茨基是苏联心理学家和教育家,被认为是发展心理学和教育心理学领域的重要人物之一。他在儿童发展和教育方面提出了许多重要的理论和观点,对教育实践和儿童教育具有深远的影响。

维果茨基的理论主要集中在"社会文化理论"上。他认为儿童的学习和发展是在社会和文化环境中进行的,强调了人类社会和文化对个体认知和智力发展的重要性。

其中,他提出了"区域性发展理论"(Zone of Proximal Development,简称ZPD,通常叫作"最近发展区")的概念。ZPD指的是一个儿童在未能独立完成某项任务的情况下,在有成人或有经验的同伴指导下所能达到的水平。维果茨基认为,通过在ZPD内进行合作和互动,儿童可以获得比自身能力更高的知识和技能,从而促进其认知发展。

维果茨基的理论强调了语言在儿童认知和发展中的重要性。他认为,语言不仅是交流的工具,而且是思维和意义构建的关键媒介。通过社交互动和语言的使用,儿童可以逐渐理解文化知识和内化社会价值观。

将幼儿园课程转化为有趣的游戏活动,可以促进幼儿更积极地参与学习。在维果茨基的理论的指导下,课程的游戏化可以为幼儿提供社会性互动的机会,并通过使用社会文化工具(如角色扮演、游戏规则等)促进幼儿的发展。

(三)多元智能理论

多元智能理论的代表人物是哈佛大学教育学教授霍华德·加德纳。他在1983年提出了多元智能理论,该理论颠覆了传统智力观念,认为智力不是单一的,而是由多种不同的智能构成的。根据他的理论，每个人都具有多种智能，不同的人在各种智能上有不同的优势。

加德纳将多元智能划分为以下七种主要智能：语言智能、逻辑数学智能、空间智能、音乐智能、运动智能、人际智能和自我认知智能。随后，他又提出了自然观察智能，将其作为第八种智能。

加德纳的多元智能理论对于教育领域的影响深远，他的理论为教育工作者提供了一种新的认识和教学方法，使教育更加关注学生的多元智能发展，促进个体的全面成长和成功。

根据多元智能理论，幼儿园课程游戏化改革可以通过提供多样化的游戏体验来满足不同儿童的发展需求和学习风格。在幼儿园课程中，多元智能理论可以通过以下几个方面来指导课程游戏化改革：(1)考虑多种智能的发展；(2)提供多样化的游戏体验；(3)培养综合能力；(4)个性化教学。

多元智能理论对幼儿园课程游戏化改革的指导是考虑到每个儿童的多种智能发展的，要求提供多样化的游戏体验，培养儿童的综合能力，并实施个性化教学。通过游戏化改革，幼儿园可以更好地满足不同儿童的学习需求，促进他们全面发展。

(四)人本主义教育观

卡尔·罗杰斯是著名的心理学家和教育家，是“人本主义理论”的代表人物。罗杰斯认为教育应关注学生的个体差异和自我实现，强调师生之间的互动和尊重。他提出了“无条件的正面关注”和“个体中心教育”的概念，强调教育环境应提供支持和理解，以促进学生的自我发展和成长。

人本主义教育观强调尊重和关注个体的全面发展和自我实现，注重培养儿童的情感、道德和社交能力。在幼儿园课程游戏化改革中，人本主义教育观可以提供以下指导：(1)关注幼儿的需求和兴趣；(2)建立尊重和支持的教育环境；(3)强调个体的自主性和自我实现；(4)强调社交和合作。

(五)激励理论

激励理论是指研究人们内在和外在动机的理论，探讨人们为何会产生行为，并如何通过激励来影响行为，代表人物是斯金纳和马斯洛。激励理论强调通过奖励和激励机制来激发幼儿的学习动机和促进幼儿积极参与。游戏化改革可以运用奖励系统、任务设计和成就感等因素，激发幼儿学习的兴趣和积极性。

激励理论与幼儿园课程改革有密切的关系，特别是在游戏化改革中，激励理论可以提供重要的指导和支持。在幼儿园课程游戏化改革中，可以通过设定关卡、解锁内容或提供反馈等方式，让幼儿感受到成就感和进步的喜悦，增强幼儿的自信心和学习动机，激励幼儿持续参与学习和游戏活动。

资料链接

在一个幼儿园里，老师们决定通过游戏化的方式来设计幼儿园课程，以激发幼儿的学习兴趣和积极性。于是，他们创建了一个奇幻魔法岛的寻宝探险活动。

一天，幼儿园里的小朋友们来到了一个特别的教室，里面布置得像是一个神秘的岛屿。老师们告诉小朋友们，他们将成为勇敢的探险家，前往奇幻魔法岛寻找宝藏。

每个小朋友得到了一张宝藏地图和一枚闪亮的徽章。地图上有许多任务和挑战，如解谜、找到隐藏的符号、收集颜色宝石等。每个任务完成后，小朋友们就可以获得一个宝箱，并在宝箱上贴上一颗宝石，代表他们的成就。

小朋友们分成小组，一起探险。他们在幼儿园的各个角落寻找线索，解开谜题，用智慧和团队合作来克服困难。每完成一个任务，他们都会互相鼓励和庆祝，获得成就感和喜悦。

在探险过程中，小朋友们经历了许多有趣的挑战。他们穿越森林、跨越河流、爬上小山丘，甚至需要通过绳索桥来到另一个岛屿。老师们在一旁提供指导和支持，帮助他们解决问题和克服困难。

最后，当所有的任务都完成后，小朋友们在一个特别的仪式上打开了最后的宝藏箱。里面有一枚奖章和一封信，表扬他们的勇敢和努力。小朋友们都感到非常自豪和兴奋，因为他们成功地完成了这次寻宝探险。

通过这次游戏化的幼儿园课程，小朋友们不仅学到了知识和技能，还培养了团队合作精神、问题解决能力和自信心。他们学会了通过游戏的方式来学习和探索，发现知识的乐趣和意义。

任务二

幼儿园课程游戏化的基本要求

任务描述

本任务旨在让学生了解幼儿园课程游戏化的基本要求。

任务准备

(1)物质准备:教案、课件、纸张、笔等。

(2)经验准备:学生学习过学前儿童游戏的课程,课前须到幼儿园见习,了解幼儿园课程实施情况。

工作表单

工作表单

通过查找资料和阅读学习支持,小组讨论幼儿园课程游戏化的基本要求,谈一谈对幼儿园课程游戏化的理解。

谈一谈:

学习支持

一、环境创建的要求

(一)物质环境的布置

为了使课程游戏化,幼儿园需要设置多个丰富且充满想象力的游戏区域,并且考虑到幼儿的生理特点和发展阶段,应设计一些适合幼儿操作和游戏的家具。除了教具和道具,环境中还应配备各种学习资源,如各种类型的图书、手工材料、音乐设备以及一些科技元素。环境应安全,满足幼儿的健康和安全需求,以防止幼儿在游戏过程中发生意外。

(二)精神环境的营造

在游戏化课程中,教师需要营造一个积极愉快的氛围,幼儿才能感受到游戏学习的乐趣和舒适。鼓励幼儿自主选择游戏,尊重幼儿的选择是游戏化教学的一个重要要求。教师应以支持者和引导者的角色参与到游戏中。在游戏化的课程中,教师不再是知识的传授者,而是成为支持者和引导者。游戏是幼儿社会化的重要途径,通过游戏,幼儿可以学习如何与他人交流、合作、解决问题,甚至处理冲突。

(三)社会环境的构建

幼儿园课程游戏化的一个重要目标就是建立一个公平、尊重和共享的学习环境。为了满足不同幼儿的需求和兴趣,幼儿园课程应该设计多种类型的游戏活动,并且取得家长的支持和参与。

二、设计与实施的要求

(一)基于幼儿年龄特征和发展阶段的游戏设计

基于幼儿年龄特征和发展阶段的游戏设计是幼儿园课程游戏化设计的一个重要要求。幼儿的身心发展特征和需求随着年龄的增长有着显著的变化,因此,我们在设计游戏活动时,需要充分考虑幼儿的年龄和发展阶段,以保证游戏活动的科学性和有效性。

(二)游戏主题的选择与设计要求

游戏主题的选择与设计是幼儿园课程游戏化的另一个重要方面。一个好的游戏主题可以吸引幼儿的兴趣,激发幼儿的想象力,帮助幼儿理解并掌握相关的知识和技能。因此,我们需要根据幼儿的兴趣、需求以及课程目标,精心选择和设计游戏主题。

(三)多元化的游戏类型设计

多元化的游戏类型设计是幼儿园课程游戏化的重要要求。多元化的游戏类型可以包括角色扮演游戏、策略游戏、动作游戏、创造游戏等,每种类型的游戏都有其独特的乐趣和学习价值。

(四)游戏环境的设计要求

游戏环境的设计是幼儿园课程游戏化的重要部分,其可以提供丰富且富有启发性的空间,使孩子们能够自由探索和游戏。自然环境对于幼儿的身心健康和认知发展具有重要的作用。建筑环境应考虑幼儿的身高和使用习惯。教学环境包括各种教具和材料,比如书籍、玩具、艺术材料、科学工具等。教师应根据幼儿们的年龄和兴趣,选择适合的教具和材料,同时注意材料的安全性和质量。

(五)游戏规则的设计要求

游戏规则的设计在幼儿园课程游戏化中起着重要的作用。通过规则,孩子们可以了解在游戏中的角色、任务和目标,学习在一个规定的框架内进行操作和决策,这对幼儿的社会适应能力和问题解决能力的培养有很大的帮助。游戏规则的设计需要简单明了,有吸引力,灵活调整,引导公平,促进学习。

三、匹配幼儿园课程目标的要求

幼儿园课程游戏化需要与课程目标相匹配,幼儿园课程游戏化与幼儿园课程目标的匹配可以从以下几个方面考虑:

(一)知识技能的匹配

考虑如何通过游戏化的课程设计帮助孩子们学习和掌握所需的知识和技能。例如,教师可以设计一些角色扮演游戏或者益智游戏,帮助孩子们学习语言、数学、科学等知识,或者提高孩子们的观察力、记忆力、思考力等。

（二）情感态度价值观的匹配

游戏化的课程设计也应该注重情感、态度和价值观的教育。例如，可以设计一些合作游戏，帮助孩子们学习合作、分享、公平等社会规则，培养他们的团队精神和公民素质。

（三）学习兴趣和习惯的匹配

游戏化的课程设计应该符合孩子们的兴趣和习惯，激发他们的学习动力和积极性。例如，可以设计一些与孩子们的生活经验和兴趣相关的游戏，让他们在玩的过程中学习，形成良好的学习习惯。

（四）发展潜能的匹配

游戏化的课程设计还应该关注每个孩子的个体差异，尊重孩子的个性，充分发挥孩子的潜能。例如，可以设计一些创新性的游戏，鼓励孩子们展示自己的独特思维和创造力，从而提高他们的自信心和自我价值感。

四、幼儿园教师的角色要求

在幼儿园课程游戏化教学中，教师的角色可以从以下几个方面来考虑：

（一）规划者和设计者

教师需要根据幼儿的年龄特征、发展阶段以及课程目标，规划和设计各种各样的游戏活动，创设丰富多元的游戏环境，同时设定适宜的游戏规则，使游戏活动能够有效地帮助幼儿学习和发展。

（二）指导者和引导者

教师需要以开放、包容的心态接纳和尊重幼儿的游戏选择，引导幼儿进入游戏，帮助他们理解游戏规则，引导他们在游戏中解决问题，发现新知，从而促进他们的思维发展和能力提升。

（三）观察者和评估者

教师需要对幼儿在游戏中的表现进行观察和记录，通过观察了解幼儿的兴趣、需求、能力以及进步，同时进行评估和反馈，以调整游戏设计和教学策略，更好地促进幼儿的学习和发展。

（四）参与者和合作者

教师还需要和幼儿一起参与游戏，通过共同游戏来与幼儿建立积极的互动关系，同时也能够通过参与感知幼儿的需求，了解他们的困惑，为他们提供必要的支持和帮助。

（五）学习者和反思者

教师在游戏化教学中，同时也是一个学习者，需要不断地学习新的知识和技能，更新教学观念，改进教学方法。同时，教师还需要经常进行反思，从实践中汲取经验，从失败中吸取教训，以不断提升自身的教学能力。

资料链接

快乐学习乐园是一所以游戏化课程为特色的幼儿园，致力于激发幼儿的学习兴趣和积极性。游戏化课程设置特点如下：

主题化的课程设计：快乐学习乐园将每个月的课程按照有趣的主题进行设计，比如“奇幻世界”“探险之旅”等。每个主题都围绕着幼儿感兴趣的事物展开，以激发他们的好奇心和学习动力。

创意游戏环境：将幼儿园的教室布置成富有创意和互动性的游戏环境，包括角色扮演区、建构玩具区、沙盘游戏区等。这些环境为幼儿提供了丰富的互动和探索机会，让他们通过游戏中的角色扮演和建构活动来学习。

情境模拟和角色扮演：快乐学习乐园通过情境模拟和角色扮演的方式，将学习与真实生活情境相结合。比如，在主题为“社区生活”的课程中，幼儿可以扮演不同的角色，如医生、消防员、老师等，通过模拟社区中的场景，学习相关的知识和技能。

游戏化评估和反馈：幼儿园采用游戏化的评估和反馈机制，鼓励幼儿在学习过程中不断进步。通过设立成就徽章、星星或小奖品等形式，给予幼儿积极的激励和认可。同时，教师会定期观察记录幼儿的表现，并与家长分享，以建立家校合作。

多元化的学习活动:除了传统的课堂教学,快乐学习乐园还组织丰富多样的学习活动。比如,户外探险、艺术创作、音乐舞蹈等,让幼儿通过参与各种活动来探索世界、发展技能和展示才艺。

小组合作和团队竞赛:快乐学习乐园鼓励幼儿进行小组合作和团队竞赛。通过合作解决问题、共同完成任务,培养幼儿的沟通、协作和领导能力。

快乐学习乐园成功地将幼儿园课程游戏化,促使幼儿在充满乐趣的学习环境中积极参与,全面发展。

任务三

幼儿园课程游戏化的基本途径

任务描述

本任务旨在让学生了解幼儿园课程游戏化的基本途径。

任务准备

(1)物质准备:教案、课件、纸张、笔等。

(2)经验准备:学生学习过学前儿童游戏的课程,课前须到幼儿园见习,了解幼儿园课程实施情况。

工作表单

工作表单

通过查找资料和阅读学习支持,小组讨论幼儿园课程游戏化的基本途径,谈一谈对幼儿园课程游戏化的基本途径的理解。

谈一谈:

学习支持

一、整合游戏与学习内容

（一）理解游戏和学习的关系

游戏本身就是一种学习，它是幼儿获得新经验、探索环境、获取知识和发展技能的重要方式。在游戏中，幼儿可以通过亲身参与和体验来积累知识，比如在角色扮演游戏中，幼儿可以理解不同角色的工作内容，比如扮演医生可以了解医生的工作职责，扮演商人可以学习购买和销售的基本概念。

游戏也是幼儿理解和探索环境的方式，比如在自然观察游戏中，幼儿可以通过观察、触摸、闻嗅等方式，了解大自然的多样性，观察生物的生长变化，认识四季更迭，理解生态的关联性等。

我们需要更深层次地理解游戏和学习的关系，认识到游戏不仅仅是儿童的娱乐方式，更是他们认识世界、发展技能的重要途径。在幼儿园课程设计中，教师应该充分发挥游戏的作用，让学习与游戏相结合，让幼儿在轻松愉快的环境中，自然地学习和成长。

（二）游戏中的学习内容

在设计游戏活动时，教师要充分考虑到游戏中所包含的学习内容。游戏不仅仅是让孩子们嬉戏玩耍的方式，更是一种富有教育价值的方式，它包含了多元化的学习内容，如语言、数学、科学、社会关系、体育、艺术等。

游戏可以促进语言学习。在角色扮演游戏中，孩子们会使用各种词汇和语句来描述角色和情境，这有助于他们学习和练习新的词汇和语句结构。此外，故事讲述和歌曲也是游戏中常见的语言学习方式。通过故事和歌曲，孩子们可以学习新的词汇、掌握语言的节奏和韵律。同时，游戏也可以帮助孩子们学习数学，比如，在建筑游戏中，孩子们可以学习数学的基本概念，如数量、形状、大小、比例等；在购物游戏中，孩子们可以学习计数、比较、测量等数学技能；在问题解决游戏中，孩子们还可以发展逻辑思维和问题解决能力。

(三)设计与学习内容相对应的游戏

设计与学习内容相对应的游戏是实施幼儿园课程游戏化教学的关键步骤。教师需要根据学习内容设计相应的游戏活动,幼儿在玩的过程中学习和发展。这要求教师深入理解游戏与学习的内在联系,掌握游戏设计的技巧和原则,并灵活运用在教学实践中。

理解游戏与学习的内在联系是设计游戏活动的前提。游戏是孩子们的生活方式,也是他们探索世界、理解知识、发展技能的重要途径。因此,游戏活动应与学习内容紧密相连,让孩子们在游戏中自然而然地接触和掌握学习内容。

教师需要掌握游戏设计的技巧和原则。游戏设计应以孩子们的兴趣和需要为出发点,保证游戏的趣味性和挑战性。同时,游戏活动应有明确的学习目标,与学习内容相对应。游戏的难度和复杂性应适应孩子们的发展阶段,既不能过于简单,使孩子们失去兴趣,也不能过于复杂,使孩子们感到困难和有挫折感。

(四)整合游戏和课程

将游戏活动整合到日常课程中是实现幼儿园课程游戏化的关键环节。这个过程中,游戏和学习相互融合,互为支持,能够让幼儿在愉快、自然的环境中进行学习,激发幼儿的学习兴趣,提高学习积极性。

这也要求教师具有丰富的专业知识和扎实的教学技能,才能有效地进行游戏和课程的整合,实现游戏化教学的目标。

(五)评估和反馈

在幼儿园课程游戏化过程中,评估和反馈是十分重要的环节,它直接影响到课程的实施效果和幼儿的学习进步。教师定期评估游戏活动对幼儿学习效果的影响,根据评估结果对幼儿学习进行反馈和调整。

评估是为了了解幼儿在游戏活动中的学习状况,包括他们对游戏规则的理解、对学习内容的掌握程度、参与游戏的积极性等。通过评估,教师可以了解幼儿的学习情况,对照学习目标,查看他们是否达到预期的学习效果。同时,评估也可以为教师提供反馈,帮助教师了解自己的教学效果,调整教学策略。

二、利用数字技术实现课程游戏化

(一)选择适合的数字游戏工具

在当今信息时代,数字化工具无处不在,进入了我们日常生活的每个角落,同样,它们也进入了教育领域。从教育应用程序、网页游戏到交互式白板,如今的市场为教学提供了丰富的选择。选择适合的数字游戏工具,教师需要充分考虑到工具的教育价值、幼儿的发展阶段,以及激发兴趣和易于操作等因素。而这些因素,又都需要教师根据具体的教学环境和幼儿的实际情况,进行实地考察和选择。因此,选择合适的数字游戏工具,需要教师具有专业知识、经验和洞察力。

(二)设计数字游戏活动

在教学过程中,数字游戏活动的设计是一项至关重要的任务。这不仅涉及活动形式的选择,还包括活动内容的设计与活动难度的控制。在设计数字游戏活动内容时,教师需要考虑活动的连贯性和一致性。连贯性是指游戏活动的各个部分能够顺畅地连在一起,形成一个完整的故事或情境;一致性则是指游戏活动的内容和形式,需要与教学目标和内容相一致,避免出现与教学目标无关或偏离教学内容的游戏活动。

(三)整合数字游戏到课程中

数字游戏作为一种富有吸引力和互动性的学习工具,越来越多地被教师们引入课程设计中。整合数字游戏到课程中,不仅可以让幼儿在快乐的游戏中学习,还可以通过游戏中的任务和挑战,激发幼儿的学习动力和兴趣。然而,如何有效地整合数字游戏到课程中,需要教师根据课程的内容和目标,有针对性地设计和运用数字游戏。

(四)评估和反馈

在课程游戏化的教学实践中,评估和反馈是保证游戏活动效果的关键步骤。教师准确、全面地评估幼儿在游戏活动中的学习成果,并及时给予反馈,可以了解幼儿的学习进度和问题,从而更好地调整学习策略和方法,同时也可以让幼儿了解自己的学习情况。

（五）与家长合作

家长作为幼儿教育的重要合作伙伴，他们在幼儿的学习和成长过程中起着至关重要的作用。特别是在幼儿园课程游戏化的实施过程中，家长的参与和支持不仅可以提高幼儿的学习效果，也可以加强家园之间的连接，建立起共同教育的伙伴关系。在这个过程中，教师扮演着桥梁和媒介的角色，通过各种方式，与家长共同参与和推动幼儿的游戏学习。

三、设计多元化的游戏活动

设计多元化的游戏活动，不仅需要考虑幼儿的年龄特征和发展阶段，也需要考虑不同的学习内容和教学目标，以满足幼儿的不同学习需求。

（一）确定游戏活动的目标

确定游戏活动的目标是游戏活动设计的首要任务。教师在设计游戏活动时，需要明确活动目标，包括学习目标和发展目标。

学习目标主要涵盖幼儿在游戏中应掌握的特定知识和技能。这些知识和技能可能涉及各个领域，包括语言、数学、科学、社会关系、体育和艺术等。例如，在设计一个语言游戏时，学习目标可能是让幼儿学会新的词汇或者句子结构；在设计一个数学游戏时，学习目标可能是让幼儿掌握基本的数数技能或理解简单的几何形状。

发展目标则更侧重于培养幼儿的个人能力和素质。这些能力和素质可能包括思维能力、问题解决能力、创新能力、社交能力、情绪管理能力、体质健康等。例如，通过角色扮演游戏，幼儿可以学会换位思考，提升社交能力；通过问题解决游戏，幼儿可以锻炼逻辑思维和解决问题的能力。

（二）设计游戏活动的内容

设计游戏活动的内容是一个富有创意和挑战的过程，其中需要综合考虑多个因素，包括但不限于学习内容、教学目标、幼儿的兴趣和需求。

（三）确定游戏活动的形式

确定游戏活动的形式是一个需要深思熟虑的过程，其中需要考虑多种因素，包括学习内容、教学目标以及幼儿的兴趣。在选择游戏形式时，教学内容和教学目标是重要的参考依据。幼儿的兴趣也是选择游戏形式的重要因素。竞赛游戏和合作游戏是两种常见且有效的游戏形式。同时，也要注重游戏形式的多样性，以满足不同幼儿的需求，提高幼儿的参与度和学习效果。

（四）设计游戏活动的过程

设计游戏活动的过程是幼儿园课程游戏化改革中的重要一环。在这个过程中，教师需要设计幼儿玩游戏的开始、中途和结束的过程，以提供清晰的指导。具体步骤如下：

1.游戏开始的过程设计

（1）引起兴趣和集中注意力。

（2）解释游戏的目标和规则。

（3）分配角色或任务。

2.游戏中途的过程设计

（1）提供支持和指导。

（2）促进合作和互动。

（3）提供挑战和调整难度。

3.游戏结束的过程设计

（1）总结和回顾。

（2）表扬和鼓励。

（3）反思和评估。

四、评价游戏化课程的效果

评价游戏化课程的效果是幼儿园课程游戏化改革中的重要一环。通过评价，可以了解游戏化课程对幼儿的学习和发展的影响，评估教学的效果，并为进一步的改进提供依据。游戏化课程效果评价的方法有：（1）观察记录法；（2）成果展示法；（3）口头交流法；（4）问卷调查法。

在评价游戏化课程效果时，可以综合运用多种评估方法，综合考虑幼儿的参与度、学习成果、学习动机以及家长和教师的反馈等因素，以获取全面的评价结果。通过评价结果，教师可以进行改进，以提高游戏化课程的质量和效果，主要调整方法有：

(1)优化课程设计;(2)调整活动安排;(3)改进教学方法;(4)提供个性化的学习支持;(5)与家长合作。

资料链接

小明就读的幼儿园名叫“阳光宝贝幼儿园”,以游戏化教学为基础,为孩子们创造了一个愉快、有趣的学习环境。

当小明走进教室时,他惊喜地发现教室布置得像一个海底世界。墙上挂满了色彩斑斓的海洋生物图片,角落里摆放着沙盘、玩具海豚和海星。老师们穿着海洋主题的服装,笑容满面地迎接孩子们的到来。

在这个特殊的主题化环境中,阳光宝贝幼儿园的老师们巧妙地将学习与游戏相结合。他们会组织各种游戏活动,让孩子们在玩乐中学习。

在一堂主题为“海底探险”的课程中,老师们引导孩子们穿上潜水服,手持潜水镜,踏上一次激动人心的海底探险之旅。他们带着孩子们沉入沙盘中的海底世界,通过观察并亲手制作各种海洋生物模型,学习它们的特征与习性。

而在另一堂主题为“动物园冒险”的课程中,老师们将教室布置成一个迷你动物园。孩子们可以扮演动物看护员,通过模拟喂养动物、清洁动物圈舍等活动,了解各种动物的饮食习性和生活习惯。

除了角色扮演和情境模拟,阳光宝贝幼儿园还注重小组合作和互动。在音乐课上,老师们会让孩子们一起参与音乐游戏,如跳舞、编排舞蹈动作,培养孩子们的节奏感和协作能力。

在阳光宝贝幼儿园,幼儿们通过游戏化的学习方式,不仅学到了知识和技能,还培养了社交能力和创造力。老师们通过激发孩子们的好奇心和学习兴趣,让他们对学习充满热情。

小明在阳光宝贝幼儿园度过了快乐而有意义的时光。他在玩乐中学到了很多关于海洋和动物的知识,结识了新朋友,并充分展示了自己的想象力和创造力。

小明对妈妈说:“妈妈,我在幼儿园玩得好开心,还学到了很多有趣的东西!”妈妈笑着回应道:“那真是太好了,小明,继续享受幼儿园的快乐时光吧!”

任务四

幼儿园课程游戏化改革的挑战与对策

任务描述

本任务旨在让学生了解幼儿园课程游戏化改革的挑战与对策。

任务准备

(1)物质准备:教案、课件、纸张、笔等。

(2)经验准备:学生学习过学前儿童游戏的课程,课前须到幼儿园见习,了解幼儿园课程实施情况。

工作表单

工作表单

通过查找资料和阅读学习支持,小组讨论幼儿园课程游戏化改革的挑战与对策,请你谈一谈对幼儿园课程游戏化改革的挑战与对策的理解。

谈一谈:

学习支持

一、改革中可能遇到的问题

幼儿园课程游戏化改革面临着一些挑战，如教师的角色转变、资源的调整、评价方式的变革等。为了应对这些挑战，需要制订相应的对策。

（一）教师的角色转变

传统教师角色的改变：教师需要从传统的知识传授者转变为游戏的引导者和学习的合作者。

教师对游戏活动的理解和运用的挑战：教师需要了解游戏的本质和游戏化教学的原则，并能够运用游戏化教学方法。

（二）资源的调整

游戏化教学所需的资源：游戏化教学需要教具、游戏材料、游戏场地等资源的支持。

资源的获取和管理：获取和管理适合游戏化教学的资源是一个挑战，需要考虑资源的成本和更新的问题。

（三）评价方式的变革

传统评价方式的不适应性：传统的纸笔测试等评价方式难以全面评估幼儿在游戏化课程中的学习和发展情况。

评价结果的解读和应用问题：如何对游戏化课程的评价结果进行解读和应用，以促进幼儿的学习和发展。

二、解决策略和建议

（一）转变教师角色

提供专业化培训和支持：幼儿园应为教师提供有针对性的培训，帮助他们理解游戏化教学的原则和方法，提升游戏引导能力和合作精神。

提供反思和自我评估机会:教师应进行反思和自我评估,不断调整和改进自己的教学角色,提高适应游戏化教学的能力和意识。

(二)资源的合理调控

充分利用现有资源:幼儿园可以对现有资源进行重新整合和利用,调整并改造,以适应游戏化教学的需求。

寻找合作伙伴:与社区、家长和其他机构建立合作关系,共享教具和资源,收集和分享游戏化教学的实践经验和资源。

(三)评价方式的变革

多样化的评价方式:教师采用多样化的评价方式,包括观察记录、成果展示和口头交流等,以全面了解幼儿在游戏化课程中的学习和发展情况。

强调综合评价和个性化反馈:教师应综合不同评价方式,综合考虑幼儿的学习成果、学习动机和参与度,提供个性化的反馈和引导。

(四)家长的参与

加强家园沟通与合作:教师与家长分享游戏化课程的目标和效果,通过家校合作活动争取家长的参与和支持。

鼓励家长参与游戏化活动:邀请家长参与游戏活动,在家庭中进行游戏化教学的延伸,促进家庭与幼儿园之间的互动与合作。

(五)政策的支持

提供支持和资源:幼儿园应提供支持和资源,为教师提供培训和专业发展的机会,鼓励教师探索游戏化教学的途径。

制定明确的政策和指导方针:幼儿园应制定明确的游戏化教学政策和指导方针,为教师和幼儿提供清晰的指导和支持。

三、家长和社区参与

幼儿园课程游戏化改革中,家长和社区的参与是至关重要的。家长和社区的支持和参与可以增强幼儿对游戏化课程活动的积极性和参与度,促进幼儿的全面发展。家长和社区参与的挑战以及相应的对策和建议如下:

(一)家长和社区参与可能存在的问题

1.家长对游戏化教学的理解不深和认同度不高

家长可能对游戏化教学的理念和方法感到陌生和存在一定的误解,对其效果和意义缺乏清晰的认识。家长可能更习惯传统的教学方式,对于游戏化教学的有效性和教育价值持怀疑态度。

2.社区资源有限

一些幼儿园所在的社区可能缺少相关的教育机构或组织,资源也可能有限,无法提供游戏化教学所需的资源和支持。

(二)对策和建议

1.组织家长培训

幼儿园可以组织家长培训,向家长介绍游戏化教学的理念和方法,增强家长对游戏化教学的理解和认同度。

2.加强家园沟通与合作

幼儿园可以定期与家长进行沟通,分享游戏化课程的目标和效果,邀请家长参与相关活动,共同关注幼儿的学习和发展。

3.创造家长参与的机会

幼儿园可以组织家长参与游戏化教学活动,让家长了解和体验游戏化教学的乐趣和效果。

4.拓展社区合作伙伴

主动与社区合作,寻找与游戏化教学相适应的合作伙伴,如当地图书馆、博物馆、艺术机构等,利用他们的资源和专业知识支持游戏化教学的实施。与社区建立长期合作关系,共同探索和推进游戏化教学的发展,建立起社区与幼儿园之间的紧密联系。

5.充分利用有限的资源

创造条件,充分利用幼儿园内部的资源,如幼儿园场地、教具、书籍等,进行游戏化教学的设计和实施;通过合理规划和安排,最大限度地利用社区的有限资源,如在公园、社区图书馆等进行户外游戏活动。

资料链接

幼儿园语言课游戏化改革

一、背景

某幼儿园决定对语言课程进行游戏化改革，以提升幼儿的语言学习兴趣和能力。该园的语言课程原本以传统识字为主，但发现幼儿对于这种传统的教学方式缺乏积极性和参与度。园方希望通过游戏化的教学设计，激发幼儿的学习兴趣，培养他们的语言表达能力和交流能力。

二、实施过程

教师培训：在进行游戏化改革前，幼儿园组织了一次专门的教师培训，旨在帮助教师理解游戏化教学的理念和方法，并提供相关的教学技巧和策略。教师们学习了如何通过游戏引导幼儿学习文字、句子构造和表达等语言技能，以及如何与幼儿进行互动和支持。

游戏化教学设计：教师在课程设计中融入了多样化的游戏元素，让幼儿通过游戏的方式进行语言学习。例如，他们设计识字卡片翻翻乐游戏，幼儿需要猜测卡片上的汉字对应的词语，并进行发音和表达。

创造情境和角色扮演：为了增强幼儿的参与度和实践能力，教师在课堂中创造了一些情境，鼓励幼儿进行角色扮演和表达。例如，教师组织了一次“小记者采访”活动，幼儿扮演记者和被采访者，通过提问和回答的方式进行语言交流，并记录下来。这个活动帮助幼儿锻炼口语表达能力和提升自信心。

合作学习和小组竞赛：为了培养幼儿的合作精神和团队意识，教师组织了一些小组竞赛游戏。例如，他们设计了一个“语言大挑战”游戏，幼儿分成小组，通过回答语言问题和完成任务来积累分数，最终获得胜利的小组会得到奖励。这样的活动不仅提高了幼儿的语言水平，还培养了他们的团队合作能力和竞争意识。

效果评价：通过游戏化改革后，该幼儿园的语言课程取得了显著的效果。教师发现幼儿在课堂上更加积极主动，参与度明显提高。幼儿通过游戏化的教学设计，更加乐意表达自己的意见和想法，自信心得到提升。他们的发音准确性和词汇量也得到了明显的增长。

同时，幼儿园还邀请了家长参与课程展示活动和座谈会，分享幼儿的学习成果和改革后的课程体验。家长们对于幼儿的语言能力的提升和参与度的增加表示赞赏和支持，对游戏化课程改革给予了高度评价。

三、结论

通过幼儿园语言课程游戏化改革，幼儿的学习兴趣得到了有效的激发，能力得到了提升。通过为幼儿创造积极的学习环境和情境，提供有趣的游戏化教学活动，幼儿的语言表达能力、交流能力和自信心得到了显著的提高。得益于家长的合作和支持，幼儿园的语言课程游戏化改革取得了良好的效果，为幼儿的全面发展奠定了坚实的基础。

任务评价

主题	内容	优秀	良好	一般	较差	很差
学习态度	能准时参加本次所有任务的学习，按时提交各项任务	5	4	3	2	1
专业知识	了解幼儿园课程游戏化改革的内涵与要求	5	4	3	2	1
研讨精神	积极参与讨论，分享自己的见解	5	4	3	2	1
团队协作	能很好地融入课堂小组讨论，共同推进学习进程	5	4	3	2	1
沟通交流	能够清晰准确地表达自己的观点，与他人交流时态度语气恰当	5	4	3	2	1
人文素养	能够搜集幼儿园课程的相关知识，有意识地树立职业精神	5	4	3	2	1
信息素养	会检索常见的学前教育专业文献数据库，主动阅读幼儿园课程相关文献，在课堂上小组讨论、发表自己的看法	5	4	3	2	1
实践应用	能运用现代课程理论评析现在的游戏化课程	5	4	3	2	1
自我小结						

项目小结

幼儿园课程游戏化是幼儿园课程改革的趋势。本项目内容涵盖了游戏化概述、基本要求、实施途径以及面临的挑战与对策四个主要任务，构成了一个全面推进课程游戏化的框架。幼儿园课程游戏化改革是一项旨在通过游戏化手段优化教学过程、提升学习效果的创新举措。它要求教育者们在游戏设计与教学实践中寻找最佳平衡点，以确保既能够满足幼儿的学习需求，又能够提供一个充满乐趣的学习环境。

直通赛证

一、真题再现

(论述题)幼儿园集体教学活动和游戏的含义分别是什么？试述两者的区别与联系。

二、思考与练习

(1)游戏化课程如何促进幼儿的综合能力和创造力的发展？它如何培养幼儿的合作精神和解决问题的能力？

(2)游戏化课程实施过程中可能面临的挑战有哪些？如何解决这些挑战以确保游戏化课程的有效实施？

(3)家长在幼儿园课程游戏化改革中的角色是怎样的？他们如何支持和配合游戏化课程的实施？

实践实训

根据幼儿园课程游戏化的相关理论，分析案例。

奇妙的自然探索之旅

一、学习目标

通过游戏化学习，激发幼儿对自然世界的好奇心和探索欲，增强幼儿的观察力、思考力和团队合作能力，同时促进其对自然环境的保护意识。

二、年龄定位

大班幼儿(5~6岁)。

三、游戏概述

“奇妙的自然探索之旅”是一个结合了户外探索和室内活动的综合性游戏。通过设定一系列的探索任务，引导幼儿观察自然环境中的植物、动物和昆虫，收集不同的自然物品,并在活动中学习相关的自然知识。游戏分为“探索准备”“奇妙探索”和“奇妙小实验”三个阶段。

四、游戏过程

(一)探索准备(室内活动)

任务1:装备准备。幼儿制作或选择探索所需的装备,如放大镜、观察笔记本、彩色铅笔等。

任务2:团队分配。按照幼儿的兴趣和特长,分成几个小组,每组选择一个队长。

任务3:知识储备。教师通过故事、图片或视频,向幼儿介绍即将探索的自然环境和可能遇到的植物、动物。

(二)奇妙探索(户外活动)

任务1:生态侦探。每个小组根据提示,寻找并观察特定的植物或动物,记录它们的特征、生长环境等。

任务2:宝藏寻找。在指定的区域内寻找自然界的“宝藏”(如特别形状的石头、色彩鲜艳的叶子等),并收集回来。

任务3:小小摄影师。儿童使用相机拍摄他们认为最有趣的自然景象或对象。

(三)奇妙小实验(室内活动)

任务1:自然物品展示。回到教室后,每个小组展示他们收集的自然物品和照片,分享他们的探索经历。

任务2:创意工艺。使用收集的自然物品,如树叶、小石头等,制作自然工艺品,如自然画、风铃等。

任务3:小小科学家。进行简单的自然科学实验,如观察植物对光的趋性、了解水循环等。

四、评价机制

团队合作:评价小组成员间的合作情况,包括沟通、分工和协作。

观察记录:评价幼儿的观察细致程度和记录的完整性。

创意表达:评价幼儿利用自然物品进行创意作品的原创性和美观度。

知识应用:通过小实验和分享会,评价幼儿对自然知识理解和应用的能力。

“奇妙的自然探索之旅”通过游戏化的学习方式,使幼儿在愉悦的氛围中探索自然、学习知识、培养技能,从而达到寓教于乐的效果。通过这样的活动,幼儿不仅能够增长见识,还能学会观察、思考、合作,以及爱护我们共同的自然环境。

推荐阅读

[1]杨白,邓艳华,陈金平.幼儿园游戏设计与指导[M].2版.上海:复旦大学出版社,2022.

[2]白燕梅,刘丽丹,焦娇.幼儿游戏设计与指导[M].北京:北京理工大学出版社,2019.

项目八

幼儿园园本课程

学习目标

知识目标

（1）了解园本课程的含义和特点。

（2）理解园本课程开发的逻辑起点及基本的开发流程。

技能目标

能阐述园本课程方案的基本要素并能够尝试初步制订。

素质目标

（1）初步树立新时代科学的幼儿园课程观念。

（2）增强弘扬中国优秀传统文化的意识，开发地方特色课程，增强文化自信。

学习重难点

学习重点

理解园本课程开发的逻辑起点及基本的开发流程。

学习难点

掌握开发特色原本课程的思路和方法。

思维导图

- 幼儿园园本课程
  - 园本课程概述
    - 园本课程的内涵
    - 园本课程的特点
    - 园本课程的功能
  - 园本课程开发
    - 园本课程开发的界定
    - 园本课程开发的实践
    - 园本课程开发的流程
    - 园本课程开发的反思
  - 幼儿园园本课程开发的经典案例
    - 建立园本课程开发的组织结构
    - 分析幼儿园的现状
    - 设定园本课程的目标
    - 制订园本课程方案
    - 实施与评价园本课程

任务一

园本课程概述

任务描述

本次任务旨在让学生通过幼儿园园本课程学习，了解园本课程的内涵、特点、功能。

任务准备

（1）物质准备：教案、课件、教材、纸张、笔等。

（2）经验准备：学生到幼儿园见习，了解过园本课程开发。

工作表单

工作表单

通过查找资料和阅读学习支持，谈一谈你对园本课程的理解。

谈一谈：

学习支持

一、园本课程的内涵

园本课程的理念是一个动态的概念，主旨是确保幼儿园的课程适应当地幼儿的需求。幼儿园以《幼儿园教育指导纲要(试行)》《3~6岁儿童学习与发展指南》为指导，结合自身课程的现况和基础，最大化地利用园所周围的各种资源，对由国家和地方认证的课程方案进行新增、整合或创新，从而打造出合理、适宜的课程体系，这一活动即为园本课程的构建。

广义上的园本课程可以是基于已认证教学材料的园本化改编的结果，也可以是幼儿园自行进行幼儿园课程开发的结果，或两者的结合。

狭义上的园本课程指幼儿园自主开发构建的部分课程，可以是大范围的整体课程，也可以是整体课程中的特定部分。

二、园本课程的特点

园本课程是幼儿园独具个性的反映，也显示了幼儿园作为教育主体的地位。以下从四个维度来阐述园本课程的核心特点。

(一)从课程特性的角度来看，园本课程表现出其特色性

园本课程并不等同于幼儿园的办园特色，但它确实展现出某种特色性。通常，国家级的课程采纳专家主导的“研究—开发—推广”模式，倾向于制定全国统一标准。但这种方式往往忽略了各地和各园的具体差异，容易产生“千园一面”的现象。相反，园本课程让幼儿园自主决策，允许它们根据当地、园所及幼儿的实际需求来设计多样化的课程。例如，南京市的一个实验幼儿园经过20年的研究，成功创建了具有全国影响力的“综合教育课程”。

(二)在课程权力层面，园本课程展现出明显的自主性

园本课程的出现代表了课程权力的重构，是将课程权力下放到幼儿园，授予它们制定课程的权力。当幼儿园真正拥有了决策权，才能出现真正意义上的园本课程。这种课程设计过程中涉及的所有活动，如课程选择和整合，都彰显了幼儿园的主体性。

（三）从课程的民主性来讲，园本课程体现了民主参与和开放的特质

园本课程的设计者包括教育工作者、孩子及其家长、专家和社区成员，广泛采纳幼儿园、家庭和社区的教育资源，教师、家长和孩子共同参与课程的建立和评估。这种广泛的参与确保了园本课程的民主和开放性。

（四）在课程的开发层面，园本课程揭示了其生成和行动的特点

园本课程考虑到了孩子的兴趣和需求，能够最大限度地满足孩子的期望。园本课程综合了社区资源和幼儿园环境，真正做到"课程由环境创设、环境促成课程"的理念。它不仅仅是一个课程方案，更是一个持续改进和完善的过程。幼儿园的基础和环境会随着时间变化，课程也应该随之改变。

三、园本课程的功能

园本课程的核心目标是育人，主要体现在以下四个维度。

（一）园本课程确保幼儿全面发展

园本课程的主旨是全方位地助力幼儿的身心全面成长。为了真正实现这一目的，我们需重视每一个幼儿园、每个班级和每位幼儿。从这方面考虑，园本课程确实是幼儿全面发展的关键。为什么呢？因为"只有适合于幼儿和班级的课程，才是真正适合幼儿园的"。园本课程之所以有其独特的价值，是因为它在尊重幼儿发展规律基础上，依据幼儿园和幼儿的真实情况来设计课程内容和组织活动。

（二）园本课程助推幼儿园教师的专业进步

幼儿园教师的专业素养和技能是园本课程成功的关键；反之，园本课程的构建也能助力教师的专业进步。教师不仅是课程的执行者，还扮演着课程的规划者、研究者和创新者的角色。课程的质量好坏和成功与否都与教师团队的素质高低息息相关。

（三）园本课程研发是幼儿园教育理念的新兴焦点

园本课程的研究和开发充满多元性，这相比传统的课程更具挑战。由于园所文化、教育理念以及参与者的差异，园本课程研究与开发呈现出丰富的特色，这为幼儿园教育理论和实践提供了新的视角。

（四）园本课程集成各类教育资源

园本课程能够有效地集成社区的自然资源、文化资产以及家庭资源等多方面的教育资源，让课程内容更加丰富和具有社会性。同时，园本课程的开放性也促进了家长、社区与幼儿园之间的互动与沟通，从而形成教育的协同效应。

资料链接

在一个和煦的春日午后，阿姨们正在社区公园里悠闲地聊天。突然，一个五岁的小女孩跑了过来，双手捧着一张五彩斑斓的画，兴奋地说："阿姨，看，这是我们今天在幼儿园画的'我心中的春天'！"阿姨们纷纷围过来欣赏，有的夸奖："真漂亮，好像真的可以感受到春天的气息！"有的感慨："现在的幼儿园真是与众不同，不仅教孩子学科知识，还培养他们的艺术细胞和情感表达。"另一位阿姨好奇地问："是所有的幼儿园都这样吗？"小女孩得意地说："我们老师说，这是我们幼儿园特有的园本课程，根据我们这里的环境和我们小朋友的兴趣特别设计的。"阿姨们都感到很新奇："原来还有这样的教学方法，真是太棒了！"

任务二

园本课程开发

任务描述

本任务旨在讲述幼儿园园本课程的开发,让学生了解园本课程开发的概念,理解园本课程开发的实践,掌握园本课程开发的流程。

任务准备

(1)物质准备:教案、课件、教材、纸张、笔等。

(2)经验准备:学生到幼儿园见习,了解过园本课程开发。

工作表单

工作表单

通过阅读园本课程开发的相关资料,总结园本课程开发的流程。

总结:

学习支持

一、园本课程开发的界定

课程开发是依据需求调研来确立教学目标，并基于目标选取某科目或多科目的内容及相应的教学活动，然后进行设计、策划、执行、评估和修改，以满足所定课程目标的系列活动。

顾名思义，园本课程就是指以幼儿园之“本”为基础的课程。这个“以幼儿园之‘本’为基础的课程”，应该是在落实国家课程、落实地方课程的过程中自然形成起来的，而且符合本园实际，带有本园个性色彩的课程方案。其中包括清晰的课程理念、可操作的课程目标、有本土色彩的课程内容、有效可行的实施形式、先进的教育理念与教育行为和较完整的课程评价等，是一种带有明显探索色彩的课程实践研究。①

（一）用生态的眼光看

事实层面的“园本”指的就是每个具体幼儿园在其独特的内外条件相互作用下所呈现出来的课程的独特性质特征。尽管在我国传统的教育管理体制下，幼儿园课程从设计、实施、评价，到内容、手段和标准都是由国家统一规定的。但无论规定、管理和督促检查工作做得多么具体、细致和严格，每个幼儿园的课程实践多么努力达标，其具体的事实课程仍旧只能是独一无二的。②

（二）用历史的眼光看

过去：传统的课程不承认课程“园本性”的实际存在，也不主张幼儿园去搞与国家课程不一致的个性课程。

现在：承认了既成事实；承认了其价值；承认了其实践，并将其纳入了管理的业务体系。

虞永平认为：园本课程就是以法律法规及相关政策为指导，以幼儿园现实的环境和条件为背景，以幼儿现实的需要为出发点，以幼儿园教师为主体构建的课程。

①茹荣芳.园本课程开发与教师专业发展——河北民间文化园本课程开发研究[M].北京：清华大学出版社，2014.

②周晓容.幼儿园园本课程开发与建设的思考[J].好家长，2019(5)：140-141.

目前我国学者普遍认为园本课程开发主要是幼儿园为达成教育目标，以幼儿园为主体，由参与幼儿园教育的相关人员，如教师、行政人员、家长与幼儿等，为改善幼儿园的教育品质所开发的富于个性化的课程。

二、园本课程开发的实践

（一）园本课程：幼儿园教育的重要组成

随着学前教育行业的飞速扩展，许多人对学前教育的质量、内容深度及特色都表现出浓厚兴趣。在教育领域，课程被视为核心，而园本课程开发是幼儿园教育的关键部分，并非与教育相独立的部分。为了支持幼儿园教育的整体发展，园本课程必须整合到总体框架中。

刘占兰研究员强调，幼儿园的全面教育设计包括四个步骤：评估资源、明确发展目标、概述教学理念、构建框架。在此过程中，强调理念的重构、找到教育的初衷及共同的教育愿景至关重要。此外，确定幼儿园的资源、背景、教师现状等，以建立全面的幼儿园教育体系。例如，九峰幼儿园基于对传统文化的研究，确定了“根之教育”主题，并制订了一系列的教育方案。这突显了园本课程在幼儿园教育体系中的重要位置。

（二）园本课程：开发的逻辑起点

园本课程建立在幼儿园实际情况的基础上，侧重于满足幼儿独特的需求。由于各个幼儿园的资源、背景和需求各不相同，课程的逻辑起点也各有不同。以下是一些主要的课程开发逻辑起点。

1.基于幼儿园的历史和文化传承

课程可以作为传承文化的媒介。每个幼儿园都有其独特的文化背景，这应当被有效地利用并传承。

2.基于幼儿园的地理位置资源

利用幼儿园周边的教育资源，为幼儿创造更多的学习机会。

3.基于幼儿园的当前情况和背景

课程开发应根据幼儿园的具体情况来调整。

4.基于幼儿园的专长领域

一些幼儿园在特定领域有丰富的经验和资源,可以据此开发独特的课程。

三、园本课程开发的流程

参照常见的课程开发步骤,园本课程制订分为五个主要部分:建立组织机构、分析幼儿园现状、目标设定、方案制订和实施与评价。

(一)建立园本课程开发的组织结构

开展园本课程开发时,首先需要设立相应的组织结构,如课程组委会或专门的工作团队。此团队应有多元化的成员,如园长、教职员工、家长、幼儿及社区成员和课程指导者。通常,园长负责主导,业务园长协助具体的工作,教育研发团队和教师要具备研究经验,而家长和社区成员需对学前教育有基础的认识,课程专家负责提供指导。结构确定后,团队应全面了解幼儿园的历史背景及当地资源。

(二)分析幼儿园的现状

分析幼儿园的现状包括评估需求、资源核查和问题分析等。团队应从多个方面深入了解,如历史、园区文化、幼儿需求、家庭背景、社区资源及是否有专家支持,并参考相关文献来明确课程制订的出发点和内容。

(三)设定园本课程的目标

园本课程开发目标包括两个相互联系的方面:一是发展目标及其相应的开发成果,二是针对幼儿的课程目标。课程目标又可以分为两个部分:一是一般的总体目标;二是具体目标,包括年龄段目标及下位的层级目标。

(四)制订园本课程方案

园本课程方案应描述课程开发的大体策略,这包括对现状的分析、课程理论、教育观点、所需环境、目标框架、课程内容、课程组织实施与评价以及保障措施等方面的考虑。

（五）实施与评价园本课程

园本课程实施涉及内容组织和教学过程，前者关注内容如何结合和展现，例如通过学科、主题或项目；后者涉及选择教育路径、活动方式和教学策略。评估部分则涉及对课程价值、方案、实施和效果等的评价。

四、园本课程开发的反思

园本课程开发是一个既严谨又科学的任务，不能随意地完成。因此，开发园本课程的人员必须对园本课程的核心知识有深入的了解，掌握园本课程开发所需的条件和相关知识，否则易使园本课程走向误区。

（一）园本课程开发中的常见误区

1.将园本课程开发与教材编写画等号

在一些地区，出版幼儿园教材被视作园本课程开发的同义词，仿佛评估园本课程开发质量的标准就是是否出版了教材，这显然是错误的。虽然幼儿园园本课程的开发包含课程文本的编写，但文本与出版物并不相同。目前，课程的概念已经明确转变，不仅仅是文本内容，它更是老师、孩子、教材和环境间的“文化互动”。因此，评估园本课程开发成功与否，不应只看其是否有出版物，而应关注其在实践中的表现和效果。

2.简单叠加国内外的课程模式作为园本课程开发

尽管课程模式的多样性是发展的趋势，但不能随意组合。有些幼儿园尝试将不同的课程模式简单结合，失去了每种模式背后的核心思想。

3.将园本课程开发与随意性画等号

尽管园本课程开发鼓励创新和自主性，但也需要合理的规范和限制。

4.忽略本园或本班幼儿特性，机械模仿活动设计

许多教师并不根据自己幼儿园的实际情况来设计活动，而是简单复制其他教育资源，这样的做法是不明智的。

目前，园本课程开发面临的主要挑战包括：

(1)幼儿园教师在理论和实践方面的准备不足。

(2)许多幼儿园为了简单应对,没有系统地研究课程开发。

(3)课程开发的内容和方法往往不基于真正的幼儿需求。

(4)幼儿、家长、社区和课程专家等因素对园本课程的制订有所制约。

(5)在赋予幼儿园更多权力后,可能会出现园本课程的不平衡发展,导致国家难以对园本课程进行有效监督。

(二)园本课程开发与研究的方向

为确保学前课程发展健全且持久,并确保幼儿和教育者在此过程中得到最大益处,专家指出应该关注以下几个课程发展的核心方向。

1.发展性走向

学前课程改革的核心目标应是支持每一个幼儿全面、和谐地发展。通过制订符合幼儿园特点和特定班级需求的课程,我们能够更有针对性地推动每个孩子的全面成长。为确保这一导向,课程开发者在制订课程理念,设定目标,选择内容、组织方式及评估方法时,都应以促进幼儿全面成长为核心。

2.基础性走向

学前教育是基础教育的关键环节,为我国的学校教育和终身学习打下基石。因此,学前课程目标应包含培养学生未来所需的基础技能、知识、能力和情感态度,确保幼儿获得真正具有长期价值的能力和知识。课程开发不应随意扩充,也不应增加孩子和教育者的压力。任何违背这一基本导向的课程开发都是不恰当的。

3.前瞻性走向

学前课程的开发应考虑到未来社会和人的需求,并据此制订课程改革方案。这意味着我们不能为了提高幼儿园的声誉而牺牲孩子的未来,而应有远见,为未来社会和人类着想。

4.补偿性走向

在我国,由于各种因素,如经济、设施、资源和师资等的差异,国家的通用课程可能不适合每所幼儿园的具体情况,可能会有不足之处。这些不足正是学前课程发展的关键焦点。这表明园本课程开发应主要为补充国家的普适性课程,而不是重新定义一套新课程。

在我国，对于学前课程的科学开发还处于起步阶段，无论是理论研究还是实践探索，都还有很大的提升空间。

资料链接

在一个寻常的工作日，李老师正在办公室为即将到来的新学期准备教学资料。她思索着如何根据她所在幼儿园的特点为小朋友们制订一个新的课程。就在这时，赵园长走了进来，放下一盒新买的积木说："李老师，我在市场上看到这款积木，觉得很有创意。我们能不能在新的学期中融合这些积木，为孩子们设计一个特别的学习模块呢？"李老师认真地观察了一会儿，回应："这个积木的确与众不同，我们完全可以利用它来设计一个结合我们园区环境、文化和孩子们的兴趣的特色课程。"赵园长点点头："正是我所想。我们可以开展一个园本课程开发的项目，特别为我们的孩子们定制。"李老师迅速拿出笔记本开始规划："那我们首先需要确定课程的目标，接着是内容和实施方法，最后还要考虑评价和反馈机制……"

幼儿园园本课程开发的流程

任务三

幼儿园园本课程开发的典型案例

——豫南彩绘泥塑“泥叫吹”①

任务描述

本任务旨在让学生了解幼儿园园本课程开发的典型案例，并能够结合幼儿园的实际情况，制订幼儿园园本课程方案。

任务准备

(1)物质准备：教案、课件、教材、纸张、笔等。

(2)经验准备：学生到幼儿园见习，了解过园本课程开发。

工作表单

工作表单

通过查找资料和阅读学习支持，总结园本课程开发的流程，并参考园本课程典型案例，小组合作，开发园本课程。

课程目标	认知：
	能力：
	情感：

①符丽.幼儿园引入民间艺术的价值及其课程实践——以豫南彩绘泥塑“泥叫吹”为例[J].学前教育研究，2022(09)：87-90.

续表

课程内容	
课程实施	
课程评价	
备注	

学习支持

一、建立园本课程开发的组织结构

在园本课程开发的初始阶段，组织结构的建立显得尤为重要，它是确保课程开发顺利进行的基石。在这个案例中，幼儿园经过深思熟虑，决定成立一个综合性的园本课程工作团队。这个团队的组成成员丰富多样，包括园长、教师、家长、幼儿、社区成员以及艺术专家等。

（一）团队组成和职责

园长作为团队的灵魂人物，承担着课程开发过程中的决策与指导职责，保证园本课程方向的正确性与实施的有效性。教师与教育研发团队负责深入研究与实践，依托自己的专业知识和研究经验，对“泥叫吹”的艺术特性、历史背景和地方文化内涵进行全面深入的了解与探讨。家长、幼儿和社区成员作为课程实施的直接受益者和实践者，他们的需求、意见和反馈将直接影响到园本课程的形成和完善。

（二）全面了解与研究

园本课程工作团队在园长的指导下，开始全面了解和研究"泥叫吹"。团队通过查阅大量文献资料、参观艺术展览、与艺术传承人交流等多种方式，对这一具有鲜明地域特色的民间艺术形式进行了深入的探索和研究，力图从中挖掘出符合幼儿园教育需求的教育资源与教学内容。

（三）多元化的团队协作

这一多元化的团队协作模式旨在汇聚各方优势，综合各类资源与需求，实现园本课程的最优开发。园长的领导与指导、教师与研发团队的专业研究、艺术专家的艺术指导，以及家长、幼儿与社区成员的实际需求与反馈，共同构成了园本课程开发的核心动力，推动着园本课程朝着更加全面、深入、实用的方向发展。

（四）课程内容与方向

通过团队的共同努力，我们对"泥叫吹"的艺术价值和教育价值有了更为全面的了解，从而能够更为准确地确定园本课程的开发方向、内容与目标，为后续的课程开发与实施奠定坚实基础。

通过这样高效而富有创意的团队合作，我们期望能够深挖"泥叫吹"这一地域性民间艺术的教育内涵，开发出富有特色且符合幼儿发展需求的园本课程，为幼儿提供更为丰富多彩的学习体验。

二、分析幼儿园的现状

园本课程是以园为本的课程，是在幼儿园现实的土壤上生长起来的课程，它与幼儿园的园情密不可分。幼儿园的各种条件、基础设施、背景和资源构成了开展园本课程的基础，一旦脱离了这些元素，园本课程可能就会丧失其基础，从而难以适应和实施。因此，每一个幼儿园开发的园本课程都是基于该幼儿园特有的环境和背景来设计的。例如，豫南彩绘泥塑"泥叫吹"课程的开发背景分析：

(一)背景

1.在现代社会背景下,学前教育课程需要增加地方文化元素

(1)在跨文化交流日益频繁的情况下,“泥叫吹”能够作为地方文化传递文化自信。

(2)在全球化与信息化时代背景下,地方艺术和传统文化需得到更多的重视和传承。

2.在现代社会背景下,学前教育课程需要关注非物质文化遗产

(1)“泥叫吹”的非物质文化遗产地位让它成为传承和教育的重要内容。

(2)非物质文化遗产教育能够更好地培养幼儿的文化认同感和文化自豪感。

3.在现代社会背景下,学前教育课程需要让孩子感觉“有趣”

(1)创意和趣味性是幼儿理解和接受“泥叫吹”艺术的关键。

(2)富有创意和趣味性的教学方法能够更好地激发幼儿的学习兴趣和积极性。

(二)基础

(1)地方文化的丰富性为“泥叫吹”课程提供了环境基础:豫南地区丰富的地方文化和非物质文化遗产为“泥叫吹”课程的开发提供了丰富的文化底蕴和实践素材。

(2)幼儿园前阶段的实践探究为“泥叫吹”课程提供了研究基础。

“泥叫吹”课程的开发不仅仅是一个学前教育课程的设定和实施,更是一场关于文化传承和创新、地方与全球的对话和探索,这使得该课程具有了独特的“本色”,成为园所文化和教育实践中不可或缺的一部分。

三、设定园本课程的目标

(一)制订总体目标

基于对“泥叫吹”的文化特性和教育价值的深入理解与研究,我们制订了一系列紧密结合幼儿园实际情况的总体发展目标。这些目标旨在明确我们期望通过本课程达成的教育效果和理想状态。具体目标如下:

1.情感态度目标

通过欣赏和体验“泥叫吹”,培养幼儿爱家乡、爱祖国的情感,使其感受并珍爱祖国丰富多彩的文化遗产。

通过对本地优秀文化的学习和实践，帮助幼儿建立起对祖国文化的归属感和自豪感。

鼓励幼儿积极参与民间艺术创造活动，体验艺术创作的乐趣，培养他们对艺术的热爱与欣赏。

2.认知目标

(1)让幼儿了解“泥叫吹”的制作材料、造型、色彩、制作工具、工艺等，丰富他们关于这一艺术形式的知识储备。

(2)帮助幼儿认识“泥叫吹”所蕴含的文化、艺术价值，以及与之相关的知识和经验，拓展他们的文化视野。

3.技能发展目标

幼儿掌握基本的泥塑技巧，如揉、捏、塑、修等，提升幼儿的动手制作能力。

(二)明确具体目标

在总体目标的基础上，我们进一步细化，并将其拆分为一系列具体、可操作和可评估的教学目标。这些具体目标包括但不限于激发和培养幼儿对艺术的浓厚兴趣、系统培养幼儿的艺术审美能力，以及深入传承和保护这一独特的民间艺术文化。通过实现这些具体目标，我们期望幼儿能够在欣赏和学习“泥叫吹”的过程中，更加全面、多元地发展，同时也希望这一传统艺术形式能够在新的教育环境中焕发新的生命力。

(三)目标实现路径

为确保各个目标能够得以实现，我们还会深入研究和制订相应的实现路径和策略。这包括明确目标的优先级，设计实现每个目标的具体教学活动和方法，以及建立一套完善的评价和反馈机制。通过这一路径，我们将确保每个幼儿都能够在“泥叫吹”这一艺术文化的熏陶下，获得全面而持续的成长和发展。

(四)持续优化与反思

我们会持续监测和评估各个目标的实现程度和效果，根据实际情况及时调整和优化目标设定和实现策略。通过持续的反思和学习，我们将不断提升课程的质量和效果，更好地实现“泥叫吹”的教育价值，推动幼儿园教育的持续创新和发展。

四、制订园本课程方案

(一)策略描述

为确保园本课程得以有效实施,我们详细描述了一系列具体实施策略。这些策略涵盖了课程的各个方面,包括教学方法的选择与设计、课程内容的构建与组织、实施步骤的安排与控制,以及评价机制的建立与运行。在设计这些策略时,我们深入研究了"泥叫吹"的艺术特性和教育价值,以确保教学活动与内容能够与其高度契合,并能够最大化地激发幼儿的学习兴趣与潜能。

(二)教学方法与内容

我们认真考虑了各种可能的教学方法,包括互动讲座、小组讨论、实践操作等,并结合"泥叫吹"的特性,确定了最为合适的教学方法。我们还深入研究了"泥叫吹"的艺术风格、技艺特点、文化内涵等,从中提炼出一系列具有教育价值的核心内容,以确保幼儿能够在学习中获得全面而深刻的理解与体验。

(三)实施步骤与评价机制

我们详细规划了园本课程的实施步骤,包括前期准备、教学实施、反馈收集、效果评估等,以确保每一环节都能够得到充分的关注与实施。同时,我们也建立了一套科学而完善的评价机制,包括格式化和非格式化的评估方法,以实时监控课程的实施效果,及时调整教学策略与内容,确保园本课程能够达到预期的教学目标。

(四)方案完善

在制订园本课程方案的过程中,我们通过多次讨论、反思和修改,逐步完善了方案的各个环节和细节。我们着重考虑了方案的全面性、具体性、操作性和可行性,确保其能够在实际教学中得到有效执行。最终,我们形成了一份经过深思熟虑、精心设计的园本课程方案,以期最大化地实现"泥叫吹"的教育价值,推动幼儿园教育的创新与发展。

五、实施与评价园本课程

（一）内容组织与教学过程

在园本课程的实施阶段，我们严格按照制订的方案，以组织性、系统性和连贯性为原则，进行课程内容的组织与安排。围绕“泥叫吹”这一主题，我们设计了一系列既具有创意又富有趣味性的教学活动，例如实践操作、艺术欣赏、小组讨论等。这些活动不仅深化了幼儿对“泥叫吹”艺术的理解和体验，也大大激发了幼儿的学习兴趣和参与热情，为幼儿创造了丰富多彩、轻松愉快的学习环境。此外，教师们也密切关注教学过程中的每一细节，及时调整教学策略和方法，确保教学活动的顺利进行和教学目标的达成。

（二）效果评价与课程优化

在课程实施过程中，我们采用了多种评价方法，如观察记录、问卷调查、访谈、作品分析等，全面而深入地评价了园本课程的实施效果。我们从不同维度，如学习成果、学习过程、学习态度等方面，进行综合性的评价和反思。基于评价结果，我们进行了深度的分析和讨论，及时发现并解决了课程实施中遇到的问题和困难，对课程内容、教学方法、教学组织等进行了细致的优化和调整，使园本课程更加符合幼儿的成长需求和园所的发展目标。同时，我们也重视对教师的培训和指导，提高其专业素养和教学能力，以确保园本课程的质量和效果。

（三）持续改进与发展

基于效果评价与课程优化，我们形成了一套动态的、持续改进的园本课程发展模式。我们鼓励教师、家长和社区成员持续参与课程的实施与评价，共同探索更为有效、更为贴近幼儿实际的教学方法和内容。我们还将持续关注“泥叫吹”的发展和变化，及时更新和丰富课程内容，确保园本课程的时代性、科学性和前瞻性，为幼儿提供持续、全面、高质量的学习体验，推动园所教育的持续创新与发展。

任务评价

主题	内容	优秀	良好	一般	较差	很差
学习态度	能准时参加本次所有任务的学习,按时提交各项任务	5	4	3	2	1
专业知识	了解园本课程的含义和特点,理解园本课程开发的逻辑起点及基本的开发流程	5	4	3	2	1
研讨精神	积极参与讨论,分享自己的见解	5	4	3	2	1
团队协作	能很好地融入课堂小组讨论,共同推进学习进程	5	4	3	2	1
沟通交流	能够清晰准确地表达自己的观点,与他人交流时态度语气恰当	5	4	3	2	1
人文素养	能够搜集幼儿园课程的相关知识,有意识地树立职业精神	5	4	3	2	1
信息素养	会主动查找并阅读幼儿园课程相关文献,在课堂上小组讨论时发表自己的看法	5	4	3	2	1
实践应用	能说明园本课程方案的基本要素并能够尝试初步开发幼儿园园本课程	5	4	3	2	1
自我小结						

项目小结

本项目我们了解到了幼儿园园本课程开发的含义和特点及流程,也初步尝试开发了幼儿园园本课程。首先,在园本课程概述中,我们探讨了园本课程的独特特点,如它的个性化和灵活性,以及其在促进幼儿全面发展中的功能。同时,界定了园本课程开发的范围和目的,强调了它与传统教育模式的区别。在园本课程开发部分,我们详细介绍了园本课程内容的构建,包括如何结合幼儿园的具体情况和幼儿的需求来设计课程。实践部分提供了具体的操作方法和步骤,强调了教师在课程开发中的主导作用和创造性。同时,我们介绍了园本课程开发的各个阶段,以及每个阶段的关键任务和注意事项。此外,园本课程开发的反思部分让我们认识到持续评估和改进的重要性。最后,通过对经典案例的赏析,感受到园本课程的多样性和创新性。

直通赛证

一、真题再现

某幼儿园将识字作为本园根本活动，这种做法(　　)。

A. 正确，有利于帮助幼儿获得学问

B. 正确，有利于提高教育水平

C. 不正确，幼儿园不能开展教学活动

D. 不正确，幼儿园应当以玩耍为根本活动

二、思考与练习

(1)园本课程具有什么样的特点？

(2)编制园本课程方案的基本要素和要求有哪些？

(3)收集一个幼儿园的园本课程方案，按照园本课程方案的基本要素分析其方案的优缺点。

实践实训

请参考“幼儿园园本课程开发与利用调查问卷”(如下“调查问卷”)的内容制作调查问卷，了解当地某所幼儿园园本课程实施的现状、问题、困难和需求，为教育质量提升等提供建议。

推荐阅读

[1]杨柳.幼儿园“成长教育”园本课程的建构与实施[J].学前教育究，2023(09).

[2]符丽.幼儿园引入民间艺术的价值及其课程实践——以豫南彩绘泥塑“泥叫吹”为例[J].学前教育研究，2022(09).

调查问卷

参考文献

[1]董葆良,陈桂生,熊贤君.中国教育思想历史(第七卷)[M].长沙:湖南教育出版社,1994.

[2]李定开.中国学前教育[M].重庆:西南师范大学出版社,1990.

[3]中国学前教育研究会.继往开来,共创辉煌——全国幼儿教育第五届学术研讨会文选[M].北京:北京师范大学出版社,1995.

[4]钟启泉.现代课程论[M].上海:上海教育出版社,1989.

[5]严仲连,肖全民.我国幼儿园课程的历史沿革[J].广西师范大学学报,1999(2).

[6]王春燕.幼儿园课程概论[M].北京:高等教育出版社,2007.

[7]王春燕.张雪门幼稚园行为课程及其现代意义[J].华东师范大学学报,2008,26(4).

[8]王春燕,秦元东.幼儿园课程概论[M].3版.北京:高等教育出版社,2019.

[9]霍力岩,等.幼儿园课程开发与教师专业发展——比较研究的视角[M].北京:教育科学出版社,2006.

[10]张释元,谢翌.课程与教学论[M].南昌:江西高校出版社,2018.

[11]李应君.幼儿园园本课程资源开发利用研究[D].兰州:西北师范大学,2004.

[12]施良方.课程理论——课程的基础、原理与问题[M].北京:教育科学出版社,1996.

[13]江山野.简明国际教育百科全书:课程[M].北京:教育科学出版社,1991.

[14]许卓娅.幼儿园课程理论与实践[M].南京:南京师范大学出版社,2002.

[15]冯晓霞.幼儿园课程[M].北京:北京师范大学出版社,2000.

[16]钟启泉,张华.课程与教学论[M].沈阳:辽宁大学出版社,2007.

[17]虞永平.学前课程与幸福童年[M].北京:教育科学出版社,2012.

[18]泰勒.课程与教学的基本原理——英汉对照版[M].罗康,张阅,译.北京:中国轻工业出版社,2008.

[19]马什.理解课程的关键概念[M].3版.徐佳,吴刚平,译.北京:教育科学出版社,2009.

[20]朱家雄.幼儿园课程[M].2版.上海:华东师范大学出版社,2011.

[21]阮素莲.幼儿园课程概论[M].北京:高等教育出版社,2014.

[22]王春燕.幼儿园课程概论[M].2版.北京:高等教育出版社,2014.

[23]虞永平,原晋霞.幼儿园课程[M].北京:高等教育出版社,2014.

[24]李玮,李艳丽.幼儿园课程[M].北京:中国轻工业出版社,2016.

[25]虞永平,张辉娟,钱雨,等.幼儿园课程评价[M].南京:江苏教育出版社, 2006.

[26]李季湄,冯晓霞.《3~6岁儿童学习与发展指南》解读[M]. 北京: 人民教育出版社,2013.

[27]布鲁纳.布鲁纳教育论著选[M].邵瑞珍,张渭城,等译.北京:人民教育出版社,1989.

[28]王芳.幼儿园课程[M].郑州:郑州大学出版社,2013.

[29]陈文华.幼儿园课程论[M].北京:科学出版社,2011.

[30]胡娟.幼儿园课程概论[M].上海:复旦大学出版社,2015.

[31]朱家雄,黄瑾,李召存,等.幼儿园课程的理论与实践[M].上海:华东师范大学出版社,2012.

[32]蒙台梭利.童年的秘密[M].金晶,孔伟,译.天津:天津社会科学院出版社,2010.

[33]蒙台梭利.蒙台梭利早期教育法[M].2版.祝东平,译.北京:中国发展出版社,2011.

[34]蒙台梭利.蒙台梭利幼儿教育科学方法[M].任代文,译.北京:人民教育出版社,1993.

[35]让·皮亚杰.教育科学与儿童心理学[M].傅统先,译.北京:文化教育出版社,1981.

[36]陈鹤琴.陈鹤琴全集(第2卷)[M].南京:江苏教育出版社,2008.

[37]张雪门.张雪门幼儿教育文集[M].戴自俺主编.北京:北京少年儿童出版社,1993.

[38]陈鹤琴.陈鹤琴全集(第5卷)[M].南京:江苏教育出版社,1991.

[39]陈鹤琴.家庭教育[M].武汉:长江文艺出版社,2013.

[40]张雪门.幼稚园教材研究——幼稚教育新论[M].北京:商务印书馆,2014.

[41]刘曲,卢玲.幼儿园课程[M].2版.上海:上海交通大学出版社,2023.

[42]汪丽.田野课程架构与实施[M].南京:南京师范大学出版社,2008.

[43]项海刚.上城行动:区域推进幼儿园特色课程建设的实践探索[M].北京:现代出版社,2018.

[44]李子建,杨晓萍,殷洁.幼儿园园本课程开发的理论与实践[M].北京:人民教育出版社,2009.

[45]符丽.幼儿园引入民间艺术的价值及其课程实践——以豫南彩绘泥塑“泥叫吹”为例[J].学前教育研究,2022(09).